# TRAITÉ
## *DE*
# LA PÉREMPTION D'INSTANCE.

# TRAITÉ
# DE LA PÉREMPTION D'INSTANCE,

*Par feu M*[e]. J. MELENET, *ancien Avocat au Parlement de Dijon ;*

NOUVELLE ÉDITION,

*Augmentée d'un Traité de feu M. le Président* BOUHIER, *sur la même Matiere.*

AVEC DES ADDITIONS ET DES NOTES.

*A DIJON,*

Chez L. N. FRANTIN, Imprimeur du Roi.

M. DCC. LXXXVII.

*AVEC PRIVILEGE DU ROI.*

# PRÉFACE
## *DE L'ÉDITEUR.*

J'AI toujours été étonné, en liſant le Traité des Péremptions de Me. Jean Melenet, imprimé en 1750 par les ſoins de Me. Jean-François Bridon, qu'un Juriſconſulte qui jouiſſoit de quelque réputation dans ſon état, ait pu donner une édition auſſi défectueuſe d'un Ouvrage d'un des plus célebres Avocats de notre Parlement. Il ſemble qu'on ſe ſoit appliqué à le défigurer, ſoit en altérant le texte, ſoit en y inſérant des remarques qui y ont été ajoutées ſans choix, & preſque toujours ſans avoir égard aux queſtions auxquelles on les a adaptées.

En examinant les défauts qui s'y rencontrent, on remarque que l'ordre & la diviſion de ce Livre ſont abſolument vicieux. Exemple : on a diſtingué par paragraphes ſéparés ce qui ſe pratique ſur le fait de la péremption d'instance en chaque Parlement du Royaume, au Conseil, pardevant les Commissaires pour la vérification des dettes, &c. Voyez les §. 2, 3, 4 & suivans ; & il n'y a point de paragraphe particulier où il soit traité de ce qui s'observe au Parlement de Dijon. C'est à la fin du §. 12, qui traite de la péremption qui s'observe au Parlement de Bretagne, que l'on a inséré ce qui est de nos usages. Voyez page 30.

Les matieres y sont éparses & confondues. Exemple : §. 33, pages 71 & suivantes, on traite cette question, *si les interlocutoires se périment ;* puis, sous le §. 41, intitulé, *si la péremption a lieu aux Requêtes du Palais*, page 156, on trouve un Arrêt & des Réflexions qui n'appartiennent qu'à la matiere du §. 33.

Les mêmes Arrêts sont rapportés plusieurs fois sans nécessité. Exemple : l'Arrêt du 6 Juillet 1624 est rapporté §. 13, page 36, & §. 41, page 150. L'Arrêt du 8 Mai 1700 est rapporté §. 38, page 93, & encore pages 150 & 157, sous la date du 8 Mars : sa vraie date est le 8 Mai. L'Arrêt du 26 Février 1699 est rapporté trois fois, §. 12, page 32, §. 38, rem. 3, page 94, & §. 40, page 129. Il est dit, pages 32 & 129, que cet Arrêt a été rendu entre les nommés Bouton & les Habitans de Neuilly ; &, page 94, on dit qu'il a été rendu contre les Habitans de Chamblanc.

§. 13, page 36, Me. Jean-François Bridon a inséré une remarque qui n'est que la répétition littérale de ce que l'Auteur a dit dans le texte qui précede.

La remarque insérée page 125, n'a aucun rapport avec le texte qui précede.

Me. Bridon cite, pages 121, 151 & 155, le même Arrêt rendu entre Claudine Futelay & Pierre Bernard, avec des différences dans ses citations qui indiquent une négligence inexcusable, indépendamment de ces inutiles répétitions.

Il en est de même d'un autre Arrêt entre Anne Rozette & Jean Bricard, rapporté pages 129 & 151.

Les matieres sont tellement confondues

dans ce Livre, qu'on a beaucoup de peine pour retrouver ce que l'on se souvient d'y avoir lu. Exemple: l'Auteur, §. 40, page 137, discute une question importante, qui est de savoir si l'assignation en reprise d'instance étant périmée, l'instance qu'il s'agissoit de reprendre se périme aussi; & l'Editeur n'a pas même distingué par un *alinea* l'examen que l'Auteur fait de cette question, mêlée avec une autre qui n'y a absolument aucun rapport; puis le surplus de ce qui concerne la même question, est renvoyé au §. 43, page 169.

On trouve, page 164, des remarques sur les additions, qui n'ont absolument aucun rapport avec les objets compris aux additions, & uniquement relatives aux questions traitées sous les §. 22 & 23, pag. 55 & suiv. du Livre.

Me. Jean-François Bridon, en ses remarques sur le §. 41, page 152, rapporte un un Arrêt rendu le 27 Juin 1732, entre la Dlle. de Savigny, Jacques Delamare & autres, par lequel il annonce que la Dlle. de Savigny, Demanderesse en péremption d'inſtance, fut déboutée de ſa demande en péremption. Il dit dans l'expoſé des faits ſur leſquels l'Arrêt eſt intervenu, que le procès avoit été appointé à écrire & produire à l'audience de la Cour, & qu'il y avoit eu un Conſeiller député Commiſſaire-Rapporteur du procès; enſorte que, dans cet état, il n'y auroit rien d'extraordinaire que le procès ne fût pas tombé en péremption, ſi ce n'eſt que les Parties n'euſſent pas pris leurs concluſions enſuite de l'Appointement à écrire & produire : mais comme l'Auteur ne s'en eſt point expliqué, cette omiſſion empêche de connoître quelle eſt la véritable eſpece de cet Arrêt.

§.

Dans la penſée où j'étois qu'il étoit impoſſible que le Traité des Péremptions fût ſorti des mains de M[e]. Melenet tel qu'il a été imprimé en 1750, j'ai cherché long-temps, mais inutilement, le Manuſcrit original de l'Auteur; il n'eſt point en la Bibliotheque de l'Univerſité, où ſont dépoſés les autres Manuſcrits de M^e. Melenet, & les perſonnes que je croyois qui pourroient m'aider dans mes recherches, n'ont pu m'apprendre en quelles mains il a paſſé. Cette perte eſt néanmoins remplacée par une copie de ce Traité que j'ai trouvée dans les Manuſcrits de M. le Préſident Bouhier, que m'a légué M. de Bourbonne ſon petit-fils : M. le Préſident Bouhier l'avoit fait faire en 1735. C'eſt à la vue de cette copie, qui peut tenir lieu aujourd'hui d'original, que j'ai reconnu combien il étoit néceſſaire de donner une nouvelle édition de ce Traité. Outre les défauts que j'ai remarqués ci-deſſus, & les fautes d'impreſſion ſans nombre qui ſe trouvent dans l'édition de 1750, le texte de l'Ouvrage y eſt tellement défiguré par les altérations & les changemens que l'Éditeur s'y eſt permis, que le Lecteur eſt induit en erreur preſqu'à chaque page ſur le véritable ſens de l'Ouvrage : on en jugera par quelques exemples.

| TEXTE DE LA COPIE *qui tient lieu d'Original.* | *TEXTE DE L'ÉDITION* de 1750. |
|---|---|
| En ce qu'il décide que la preuve vocale est *recevable.* | *Page 74, ligne 1ere. en ce qu'il décide que la preuve vocale est* révocable. |
| On n'est pas universellement dans la pensée qu'un Préparatoire soit exécutoire, &c. | *Page 76, ligne 2. On n'est pas universellement dans la pensée qu'un Préparatoire ne soit exécutoire, &c.* |
| Or, la Partie *appellant* pour faire rejeter les faits pour être impertinens & inadmissibles, pourquoi *puniroit-on* la prudence que cet Intimé auroit eu de ne pas vouloir risquer les frais d'une preuve? | *Page id. ligne 7. Or la Partie* appellante *pour faire rejeter les faits pour être impertinens & inadmissibles, pourquoi* prendroit-on *la prudence que cet Intimé auroit eu de ne pas vouloir risquer les frais d'une preuve?* |
| Mais ce qui me détermine davantage à cet avis, c'est la réflexion suivante: *la péremption d'une instance ne doit jamais être possible contre une Partie, qu'en même temps elle ne le soit contre l'autre;* or l'instance principale ne sauroit périmer contre l'Appellant dans le cas ci-dessus, &c. | *Page 76, ligne 14. Mais ce qui détermine davantage à cet avis, c'est la réflexion suivante: la péremption d'une instance principale ne sauroit périmer contre l'Appellant dans le cas ci-dessus, &c.* |

§. 23, page 57, l'Éditeur a supprimé un passage fort long, qui fait partie de la question 25 dans les Manuscrits de l'Auteur, & il a remplacé le texte de l'Ouvrage par des remarques de sa façon, insérées à la page 58, où il s'est approprié les pensées de Me. Melenet, qu'il a travesties en d'autres termes : il étoit sans doute plus convenable de les donner au Public telles que Me. Melenet les avoit écrites, &c. &c.

Cette nouvelle Édition ne contient que le texte de Me. Melenet, dégagé des remarques & additions de Me. Bridon. Ce Traité a été divisé par l'Auteur en 80 questions ou sommaires, dont la Table est à la fin. J'ai fait sur ce Traité quelques notes qui n'interrompent point l'Ouvrage de Me. Melenet, elles sont renvoyées au bas de la page.

Au Traité de Me. Melenet, j'ai joint ce que M. le Président Bouhier a laissé dans ses Manuscrits sur la matiere des Péremptions. Cet Opuscule fait partie d'un grand Ouvrage du même Magistrat, intitulé *Recueil de Jurisprudence*. J'ai cru pouvoir en détacher ce fragment, & je le donne à la suite du Traité des Péremptions de Me. Melenet, afin de réunir dans un même volume ce que nous avons de plus instructif sur des questions de pratique qui se présentent fréquemment dans les Tribunaux.

J'ai ajouté à cette partie de l'Ouvrage de M. le Préſident Bouhier, quelques *notes*, *additions* & *obſervations*, qu'il ſera facile de diſtinguer de ce qui appartient à M. le Préſident Bouhier, ce Magiſtrat ayant diviſé tout ce qu'il a écrit, par nombres marqués en chiffres romains au milieu de la page, & chaque addition étant indiquée par le mot *addit.*

Pluſieurs de mes additions ſont copiées ſur des Recueils manuſcrits qui m'ont été communiqués; j'ai indiqué ces Manuſcrits, & alors les additions ſont enfermées dans deux crochets en cette forme [ ], pour qu'il ſoit plus facile de les diſtinguer des additions, notes ou obſervations tirées de mes propres Recueils.

M^e^. Jean Melenet plaida ſa premiere Cauſe le 16 Mars 1680, comme je l'ai reconnu au Recueil d'Arrêts de M^e^. Nicolas Perier, dont il étoit l'Éleve, tom. 2, p. 1716, verbo *Rapt.*

*M. le P^t^. Bouhier.*

# TRAITÉ
## DES
# PÉREMPTIONS.

QUESTION I.

*La péremption, telle qu'elle se pratique en France, est invention des Jurisconsultes françois, & ne dérive pas du Droit Romain.*

LA premiere chose qu'il faut tâcher d'éclaircir sur cette matiere, c'est le point de savoir si les péremptions, de la maniere qu'elles se pratiquent en France, nous viennent du Droit Romain, & il ne faut pas croire que cet éclaircissement soit simplement curieux; car il peut être utile & servir à détourner le mauvais usage qu'on fait quelquefois au Palais, des Loix, pour y régler les questions qui y naissent à propos de cette prescription triennale, dont je dois examiner l'origine & les effets.

Par le Droit Civil, toutes les actions étoient *temporaires* ou perpétuelles: les premieres périssoient par le laps d'un certain temps, ou par la mort de celui à qui elles appartenoient, *morte aut tempore pereunt*, comme il eſt dit en la Loi 139, ff. de *Reg. Jur.* C'eſt un point de Juriſprudence qu'Ulpien ſuppoſe véritable dans la Loi 3, ff. *de Fer. & Dilat.*

Les exemples des actions qui finiſſoient par la mort, ſe voient dans la Loi *Pœnales*, ff. *ad Leg. Falcid.* & dans le §. *& cùm* de la Loi 1, ff. *ſi quis paup. fec. d c.*

Dans le Traité que M. Cujas a fait *de diverſis temporum præſcript. & terminis*, on voit une infinité d'exemples d'actions, dont la durée avoit de certaines bornes.

Les actions perpétuelles n'avoient, dans leur origine, aucune limite, ainſi qu'on l'apprend du §. *Inſtit. de perp. & temp. act.* mais l'intérêt de l'utilité publique fit qu'on en fixa auſſi la durée, comme on le peut voir dans la Loi 1, *Cod. Théod.* ſous le tit. *de act. cert. temp. finiund.* & par tout le titre du Code *Juſtin. de præſcript. long. temp.* Théodoſe borna d'abord le cours des actions perſonnelles, & Juſtinien celui des actions réelles.

Or, depuis qu'on a limité la durée de ces actions, on n'a pas laiſſé, parmi les Interpretes, d'appeller perpétuelles celles qui durent trente ou quarante ans. Pierre Hévin parle bien de ceci dans ſes Remarques ſur la Péremption, à la fin du premier volume des Plaidoyers de Sébaſtien Frain.

Par les mêmes principes du Droit Civil, *omnes actiones quæ morte aut tempore pereunt, ſemel incluſæ Judicio, ſalvæ permanent.* Tout ceci ſe trouve bien contraire aux maximes de la Juriſprudence Françoiſe, qui ne connoît point d'actions qui ne périſſent par le temps, & qui ne puiſſent ſe preſcrire, quoique conteſtées ; il ne faut donc pas s'attacher en cette matiere aux regles que les Romains pratiquoient.

Au nombre 12 de cette Diſſertation, Hévin prouve encore doctement que le Droit Civil ne fournit pas même d'exemples de la péremption qui ſe pratique en France ; là il réfute les Loix que l'on apporte au contraire ; & au n°. 13 il fait voir que la Loi *Properandum*, Cod. *de Judiciis*, décide toute autre choſe que l'anéantiſſement de l'inſtance par une diſcontinuation de trois ans.

Cependant Me. Barthelemy Auzanet, en ſon Recueil, page 67, au titre de la Péremption d'inſtance, dit que « dans le » Droit Romain il y avoit une eſpece de » péremption d'inſtance, puiſqu'il ſe trouve » pluſieurs textes èſquels *lis dicitur emori ;* » mais Auzanet n'entre ſur cela en aucun détail des Loix Romaines, & même il n'a cru y voir qu'*une espece* de péremption.

Il faut donc d'abord poser pour principe, que celle qui est admise en France, ne tire pas son origine des Romains (1), mais que c'est une introduction des Jurisconsultes François; *Jus verè Gallicum:* voilà ce que Hévin prouve clairement jusqu'au nombre 14.

Ce n'est pas que je ne sache que M. Cujas a dit quelque part, que l'Ordonnance de Roussillon avoit été empruntée par le Chancelier de l'Hôpital, de la Loi 2, ff. *ne de statu defunct.* &c. & de la Loi *Intrà*, ff. *de divers. temp. præscript.* & même que Theveneau a prétendu, sur l'art. 15 de cette Ordonnance de Charles IX, en voir le principe dans la Loi *Properandum;* mais il faut croire, ou que cela leur est échappé légérement, ou qu'ils n'ont voulu dire autre chose, sinon que les Romains avoient aussi leur maniere de punir les

---

(1) M. le Président Bouhier a pensé au contraire, que la péremption d'instance tire son origine du Droit Romain, & que la Loi *Properandum* a été de tout temps exécutée en France. V. ci-après, tit. de la Péremption d'instance, nomb. XXII. Me. Melenet, en soutenant que l'usage de la péremption en France n'a pas été admis à l'imitation de la Loi *Properandum*, a néanmoins cité partout, dans son Traité, l'autorité de Mornac sur la Loi *Properandum*, lorsqu'il s'agit de décider les questions qui se présentent sur la matiere des Péremptions. V. quest. 17, 20, 32, 33 & *passim*.

Plaideurs qui laiffent languir leurs pourfuites. Mais, en un mot, s'ils ont voulu dire qu'à Rome, comme en France, l'inftance périffoit par ceffation de quelques années, ils fe font trompés ; car cela ne fe trouve point dans le Droit. *Jure non cautum eft.*

A la vérité, le Demandeur, foit en matiere civile, foit en matiere criminelle, étoit déchu de fon action & de fon droit, fi fon procès n'étoit vuidé dans un certain temps, comme on le voit dans la Loi 1re. du 9e. liv. du Code, tit. 44, & dans la Loi 3 du tit. *ut intrà certum tempus criminalis quæftio terminetur*, & encore par la Loi 13, au Code *de Judiciis.*

Mais ce n'eft pas là ce que dit l'Ordonnance de Rouffillon; car en faifant périr l'inftance feulement, elle laiffe fubfifter l'action, fi d'ailleurs elle n'eft pas prefcrite. Or, je dis hardiment que voilà ce que la Loi Romaine n'a pas introduit.

QUESTION II. En quel temps la péremption a commencé en France, & qu'au commencement c'étoit une prefcription annale.

La difficulté eft maintenant de démêler quand la péremption s'introduifit dans le Royaume; de quelle maniere elle s'y pratiqua d'abord ; quel en fut le progrès par la fuite, & fur quel pied les chofes font aujourd'hui à cet égard, fur-tout au Parlement de Dijon.

Hévin, au commencement du n°. 15,

avoue qu'il ignore en quel temps on admit en France que les procès discontinués pendant trois années seroient périmés ; mais il donne pour certain que la péremption n'avoit pas encore lieu en ce Royaume , du temps du Roi Charles VI.

Brodeau, sur M. Louet, let. P , som. 17 , n. 4, réfute l'opinion de quelques Docteurs, qui avoient avancé légérement qu'avant les Ordonnances de 1539 & de 1563, on ne connoissoit point en France les péremptions; il cite en effet l'Ordonnance de Philippe-le-Bel, insérée en la 3^e^. partie du Style du Parlement, tit. 26, *de Appel.* §. 2, où il est parlé de la péremption comme d'une chose qui dès-lors étoit en usage.

Il est donc bien certain qu'en France cette pratique est très-ancienne, & même autrefois on punissoit parmi nous la négligence du Plaideur qui restoit une année sans faire de poursuites; de sorte que, dans les premiers temps, cette prescription, qui est aujourd'hui triennale, étoit annale.

Je trouve une preuve également antique & formelle de cette péremption annale, dans le Recueil que M. Etienne Pérard, Doyen de la Chambre des Comptes de Bourgogne & Bresse, donna au Public en 1664, de diverses pieces anciennes qu'il avoit tirées de la Chambre des Comptes &

& d'autres Archives. Au feuillet 356 & ſuivans, il fit imprimer *li Coſtumes reconnues & gardées à Dijon ;* or, au commencement du feuillet 358, on lit ces mots : *Item, il eſt coſtume à Dijon, que ſe uns plaiz ceſſe par an & par jour, qui ne ſoit perſuiguz, ly plaiz ſeray à recommencier de novel, anxi comme le premier jour.*

On ne peut coter la date de ces anciennes Coutumes ; mais quand on conſidere que celles du Duché de Bourgogne furent rédigées en 1459, & qu'il y avoit déjà long-temps, pour-lors, que la Ville de Dijon pratiquoit les choſes rapportées en cette Chartre antique, on comprend qu'il faut que ces Coutumes qu'on vient de citer ſans date, fuſſent introduites depuis bien long-temps, comme on en peut juger par le langage qui, lors de la rédaction de 1459, étoit bien moins barbare ; à quoi l'on ajoute qu'alors cela étoit ainſi, ſoit que l'inſtance fut conteſtée ou non, & ſans que le décès d'une Partie empêchât le procès de périr par la diſcontinuation d'une année. La queſtion 226 de Jean Lecoq fournit une premiere preuve de cette vérité. On en trouve une ſeconde dans la Somme rurale de Bouteiller, tit. 20, n. 19, p. 89. Brodeau, ſur M. Louet, a fait la même obſervation, lett. P. ſom. 17, n. 4, mais ſans l'autoriſer. Il eſt vrai que Louis

Charondas le Caron, en ſes Notes ſur le paſſage de Bouteiller, dit qu'il y a différence entre interruption & péremption d'inſtance; que l'interruption s'entend quand la cauſe n'eſt pas conteſtée, & la péremption quand elle eſt conteſtée.

Mais cette différence prétendue ne peut ſe ſoutenir contre les deux citations de Lecoq & Bouteiller, qui parlent l'un & l'autre d'un procès conteſté, lequel néanmoins, après diſcontinuation d'une année, eſt *interrupt*. Or, ſi cela n'étoit pas ſynonyme avec *périmé*, quel ſeroit donc l'effet de cette interruption? car on ſait bien que toute affaire qui reſte quelque temps ſans pourſuites, eſt interrompue pendant cet intervalle de ceſſation : il n'y a qu'à voir ſur ceci les déciſions 37 & ſuiv. & même la 48e. de Me. Jean Deſmaret. M. Bourdin, ſur l'article 120 de l'Ordonnance de 1539, eſt tombé dans la même erreur que Charondas; mais ni l'un ni l'autre n'ont pris ſoin d'établir leur prétendue différence, ni de répondre aux objeƈtions ci-deſſus.

Ce qui eſt de vrai, c'eſt que quand cet ancien uſage avoit lieu, on accordoit la reſtitution contre le laps d'une année. Bouteiller l'obſerve; mais, ſelon lui, on n'étoit reſtituable que pour des cauſes très-privilégiées. Brodeau dit au contraire, ſur la fin du n. 4, ſom. 17, lett. P. qu'on obtenoit avec facilité des reliefs de péremption, tant pour les majeurs que pour les mineurs.

Enfin, pour conter ceci chronologiquement, François I. par l'art. 120 de son Ordonnance de 1539, défendit de donner aucunes Lettres de restitution pour fait d'instance périmée, sur quelque cause & en quelque matiere qu'on la demandât; & ce Législateur ordonna qu'en cas qu'elles fussent expédiées malgré ses défenses, on jugeât comme s'il n'y en avoit point d'obtenues.

Dès-lors, il falloit trois ans de cessation de poursuites, pour qu'une instance fût périmée; encore la péremption ne pouvoit s'acquérir dès qu'on avoit contesté la cause; outre que quelques-uns prétendoient qu'une instance, quoique périmée, devoit encore avoir la force & produire l'effet d'interrompre la prescription.

Charles IX. condamna ces deux difficultés par l'art. 15 d'une Ordonnance qu'il fit à Roussillon le 9 Janvier 1563; car il décida, 1°. que l'affaire ne seroit pas préservée par la contestation du péril de se périmer, & 2°. que quand la cause seroit périmée, elle n'auroit pas plus d'effet interruptif contre la prescription, que si elle n'avoit jamais été intentée.

Brillon a eu raison de dire, au tom. 8 de son Diction. lett. P. page 82, n. 4, que l'Edít de Rouſſillon n'introduiſit pas la péremption dans le Royaume. Le contraire eſt néanmoins échappé à Bretonnier dans ſes Annotations ſur Henrys, mais mal à propos; car il étoit parlé de la péremption dans l'Ordonnance de 1539. Celle de Charles IX. ne fit donc que d'en perfectionner l'uſage, en ôtant à la conteſtation en cauſe, & à l'inſtance périmée, tout l'effet qu'on leur vouloit attribuer.

Louis XIII. par ſon Ordonnance de 1629, ès art. 91 & 158, fit quelques Réglemens relatifs à cette matiere.

Enfin, Louis XIV. par l'art. 5 du tit. 27 de ſon Ordonnance de 1667, déclara que quand un appel auroit été périmé, on ne pourroit plus appeller de la même Sentence, laquelle, en ce cas, & par ce moyen, paſſeroit en force de choſe jugée.

Voilà tout ce que j'ai trouvé dans les plus vieux Auteurs & dans les Ordonnances de nos Rois, ſur l'origine & le progrès des péremptions.

Il faut voir maintenant quelles ſont les difficultés qu'on peut former au Palais ſur une telle matiere qui eſt plus abondante qu'elle ne paroît d'abord.

QUEST. III. La péremption n'a pas lieu au Conſeil.

Quoique l'Ordonnane de Rouſſillon ſoit générale dans tout le Royaume, & bien qu'elle ne contienne aucune exception qui fasse comprendre qu'il y a des Tribunaux où la péremption ne doive pas être admise; cependant, il est incontestablement vrai que les instances pendantes au Conseil ne s'y périment jamais, à cause du grand nombre d'affaires qui s'y traitent, & du peu de jours qu'on emploie à les y juger; de sorte que les expéditions n'y étant pas, & n'y pouvant être aussi diligentes que dans les Cours supérieures, on a cru qu'il ne seroit pas raisonnable d'imputer aux Plaideurs une cessation qui est certainement plus excusable dans ce Tribunal, qu'en aucun autre.

Justinien, dans le §. 3 de la L. 5, Cod. *de temporibus & reparationibus Appellationum*, & en la Nov. 23, dit quelque chose de pareil à ce que je viens d'avancer; voici ses termes : *Si tamen in sacro Consistorio nostro lis exordium cœperit, etiamsi non fuerit in eodem die completa, tamen perpetuari eam concedimus; cùm iniquum sit propter occupationes florentissimi Ordinis, quas circà nostræ pietatis ministeria habere noscitur, causas hominum deperire.* Aussi, bien que la péremption ait lieu dans toute l'Allemagne, on voit dans la seconde centurie de Mynsinger, ch. 48 de ses Observations, que l'on n'y a point égard dans la Chambre Impériale.

Sur ces principes & ſur ces exemples, le Conſeil du Roi en rejette l'uſage ès procès qu'il juge, & voici les garans de cette vérité.

Dumoulin en fit autrefois la remarque en ſes Annotations ſur les Décrétales, tom. 4, page 99, col. 2, en ces mots : *Verius in inſtantiis in Conſiſtorio Regio motis, non habere locum hanc exceptionem, quia non poteſt Rex in id adigi, ut Conſilium ſuum quandoque congreget, ut Partibus jus dicat, & quòd plerumque in illis inſtantiis id agatur ut Judices Partibus committantur, nec locum habere poſſit hæc exceptio, niſi ubi datur copia rei, Actoris & Judicis, & Procuratorum invicem procedentium.*

La même propoſition eſt encore donnée pour vraie par Me. François Grimaudet, en ſon Traité du Retrait lignager, liv. 10, ch. 8. Hévin dit la même choſe en la page 23 de ſes Remarques, ſur la fin du tome 1er. des Plaidoyers de Frain ; il en rapporte un préjugé en forme, du 4 Juillet 1626. Enfin Auzanet, en la page 69 de l'endroit cité, aſſure qu'il n'y a point de péremption d'inſtance au Conſeil privé du Roi.

QUESTION IV. Elle n'a pas lieu aux Intendances.

Par une ſuite de cette propoſition, on n'admet pas cette preſcription dans les procès jugés à l'Intendance ou par les Commiſſaires députés en cette Province pour la vérification des dettes des Communautés. J'ai toujours vu tenir cela pour indubitable par MM. les Intendans, ſur ce qu'étant des Commiſſaires du Conſeil, ils en ſuivent la regle; & en effet, il ſeroit aſſez biſarre que la premiere inſtance pût ſe périmer devant eux, tandis que la cauſe d'appel qui ſe porte au Conſeil n'y pourroit tomber en péremption.

QUESTION V. Elle a lieu aux Officialités.

Quelques Auteurs ont auſſi voulu douter ſi les péremptions ſont propoſables & admiſſibles dans les Officialités du Royaume, & ils ſe ſont fondés ſur ce qu'il ſemble que le Droit Canon en rejette l'uſage.

Cette prétention eſt fondée ſur le chap. *Venerabilis* 20, aux Décrétales *de Judiciis*, où Honoré III. mande à un Commiſſaire eccléſiaſtique de ne point s'arrêter à ce que l'une des Parties diſoit; ſavoir, que l'autre n'avoit pas fait terminer ſon inſtance dans les trois ans : le Pape ſemble ſe déterminer par la raiſon des ſubterfuges mis en uſage par ceux qui vouloient faire valoir cette eſpece de péremption, après avoir eux-mêmes empêché la déciſion de l'affaire par fuites & par cavillations : *ſi per ſubterfugia & cavillationes eorum per triennium cauſa ſit propagata;* ainſi voilà un motif particulier qui devoit empêcher les Canoniſtes de faire une regle générale de cette

Décrétale. Elle ne parle d'ailleurs que du genre de péremption dont il eſt parlé dans la Loi *Properandum*, Cod. *de Judic.* laquelle la France n'a jamais admiſe. *Bernardus Parmenſis* a donc eu tort de dire que le chap. *Venerabilis* abrogeoit la Loi *Properandum*, car il ne fait qu'y établir une exception dont on trouve même le fondement dans la L. *Arbitrio*, §. 4, *ff. de dolo*, où on ſe déclare contre celui *qui dolo fecit ut lis legitimis temporibus tranſactis pereat.* Cette remarque eſt de Theveneau, au tit. 24 ſur l'art 15 de l'Ordonnance de Rouſſillon, p. 388, verbo *diſcontinuée.*

Mais la principale raiſon pour avoir fait introduire cette preſcription ès Tribunaux eccléſiaſtiques, c'eſt que la police générale des Tribunaux du Royaume ne ſe regle point par le Droit Canonique, mais par les Ordonnances Royaux, qui ont lieu dans les Officialités, de même que dans les Juriſdictions ſéculieres, ainſi qu'il réſulte de l'art. 1 du tit. 1 de l'Ordonnance de 1667; auſſi M. Hauteſerre ayant dit, au ch. 1 de ſon livre 7 *de Juridict. eccleſ.* que c'eſt mal à propos qu'on veut aſſujettir les Juges d'Egliſe aux regles des Tribunaux ſéculiers, plutôt qu'à celles du Droit Canon; M. Levaillant, Cenſeur de ſon livre, le reprit de cette propoſition, *quia ſanè formulæ Judiciorum*, dit ce célebre Juriſconſulte de nos jours, *pertinent ad politiam externam, quæ ſpectat ad Principes ſæculares.*

Charles IX. ayant donc voulu que l'inſtance pérît par une ceſſation de trois années, il eſt certain que ſon Ordonnance qui eſt indéfinie, doit s'obſerver ès Officialités; & en effet, par quelles regles auroit-on plus à cœur la durée des affaires contentieuſes des Eccléſiaſtiques, que de celles des Séculiers? Au contraire, comme les procès ſont davantage oppoſés à leur état, il faudroit davantage en abréger le cours, puiſqu'on ſait que cela les détourne du Service divin, & qu'il éteint en eux le feu de la charité qui doit toujours les embraſer.

Auſſi voyons-nous que l'on a établi des regles ſpéciales pour l'abréviation des procès des Eccléſiaſtiques; on les peut voir dans le Concile de Trente, au chap. 20 de la ſeſſion 24, & au chap. 10 de la ſeſſion 25. Mais, pour citer une Loi plus autoriſée en France, il n'y a qu'à voir le titre *de frivolis Appellation.* §. 3, du Concordat fait à Boulogne entre Léon X. & François Ier. où il eſt enjoint aux Juges eccléſiaſtiques de punir griévement le Clerc qui alonge un procès, & où il eſt même décidé que ſi les fuites vont trop loin, on pourra le déchoir de ſon droit en haine de ſes retards.

Malgré tout cela, il y a quelques Auteurs françois qui ont cru que la péremption ne peut être alléguée pardevant les Juges d'Eglise ; à quoi il suffiroit de répondre que l'Ordonnance de 1667 l'autorise en l'art. 5 du titre 27, & que néanmoins l'Ordonnance débute par dire que ses décisions auront lieu en toutes Jurisdictions, *même dans les Officialités ;* or l'on ne croit pas qu'il soit possible de répondre à cet argument.

La Glose sur la Pragmatique Sanction, tit. 27, *de Causis*, assure pourtant que *indubitati juris est non esse peremptionem ullam litis in Foro ecclesiastico.*

Bourdin, sur l'art. 120 de l'Ordonnance de 1539, parlant de la péremption, a dit qu'elle n'a lieu *Jure Canonico.* Hévin a donné dans la même erreur en ses Remarques sur la Péremption, p. 15, n. 19, & il cite à ce propos quelques Arrêts du Parlement de Rennes rapportés par Dufail. Enfin, il est échappé quelque chose de pareil à M[e]. Charles Fevret sur la fin du chap. 4 du liv. 4 de son Traité de l'Abus, & à M. Expilly, chap. 44 de ses Arrêts.

Dumoulin n'a pas suivi ceux qui s'égaroient ; car on voit en ses Annotations sur les Décrétales, tom. 4, p. 99, col. 2, que, parlant du chap. *Venerabilis*, il s'explique ainsi : *Indè colligunt Canonistæ peremptionem instantiæ non habere locum in Jure Canonico; hujus tamen capitis ratio specialis est, ne Cervienses imperiti commodum ex suo subterfugio reportarent; undè non credo hanc propositionem esse usquequaque veram, cùm in utroque Foro par sit ratio.*

Mornac, sur la Loi *Properandum*, réfute la Glosse de la Pragmatique, qui dit que les Juges d'Eglise n'admettent pas les péremptions; sur quoi cet Auteur observe que l'usage est contraire, *servamus hodiè contrarium.*

Brodeau, sur M. Louet, lett. P. som. 17, tient que la péremption a lieu *in Foro ecclesiastico*. C'est l'opinion de Vrevin au chap. 2 de son Traité de la Péremption, page 500, & il en dit la bonne raison, qui est qu'il s'agit ici d'une Loi générale, qui n'a que les mêmes bornes que le Royaume.

Enfin M. Fevret, malgré ce qui lui est échappé dans la suite, étoit si persuadé que les Juges d'Eglise ne peuvent passer sur un tel moyen, qu'au n. 4 du chap. 9 du liv. 1, il dit qu'un Official qui n'auroit pas égard à une péremption bien acquise, commettroit un abus.

QUESTION VI.

De même dans les causes & matieres bénéficiales.

Ce qui est de certain, c'est que les Auteurs conviennent que ce moyen peut être employé dans les matieres & dans les causes bénéficiales traitées en Cours séculieres. Vrevin est de cet avis au chap. 39 de son Traité des Péremptions, page 534. Bouchel a dit la même chose en la Bibliotheque du Droit François, sous le mot *Péremption.* C'est aussi l'avis de Néron sur l'art. 15 de l'Edit de Roussillon, & celui de Lange, part. 1 de son Praticien François.

La Loi *Properandum* étoit d'une étendue universelle, & par les Arrêtés de M. le Président de Lamoignon, part. 2, pag. 223, art. 1, il est dit que les péremptions seront observées dans toutes les Jurisdictions du Royaume, & même ès Coutumes qui disent le contraire, ainsi que Brodeau l'assure sur M. Louet, lett. D. som. 25, & lett. P. som. 17. L'Ordonnance de 1629, art. 91, ordonne même que l'art. 15 de l'Edit de Roussillon s'exécutera dans toutes les Jurisdictions du Royaume.

QUEST. VII. Elle n'est pas reçue au Parlement de Grenoble.

Il y a néanmoins en France quelques Parlemens qui n'en ont pas reçu l'usage; Grenoble en est un, comme M. Expilly le fait connoître au chap. 44 de ses Arrêts. Basset dit la même chose au liv. 2, tit. 29, chap. 15 de ses Arrêts, pag. 172 du tom. 1. Auzanet, pag. 69, sur la fin de ses Mémoires concernant la péremption, atteste la même usance. Voyez aussi Lange, part.

1, liv. 4, chap. 24; & Brodeau ſur Louet, lett. P. ſom. 17, n. 2. Bretonnier dit la même choſe en ſes Annotations ſur Henrys; de ſorte qu'encore que Gui-Pape, déciſ. 136, & Chorier, pag. 308, examinent ſi les actes probatoires ſubſiſtent après la péremption acquiſe, il ne faut pas croire que ce ſoit par rapport au Pays du Dauphiné que ces deux Auteurs ſont entrés dans cet examen.

QUEST. VIII. Ni à celui de Beſançon.

La Coutume du Comté de Bourgogne, art. 2, tit. 4 de la Preſcription, rejette la péremption de trois ans, & elle fait durer l'inſtance trente années. Voyez Boguet ſur cet article, pag. 168.

QUEST. IX. Celui de Rouen ne l'a reçue que depuis 1616.

Quant au Parlement de Rouen, il ne reçut pas d'abord l'Edit de Rouſſillon, & reſta long-temps ſans le vouloir pratiquer, & même du temps de Mornac il ne l'avoit pas encore admis : *Normani huc uſque hanc partem Ruſcinonenſis Edicti non admittunt.* Mais Beraud, ſur l'art. 576 de la Coutume de Normandie, nous apprend que la Cour établie en cette Province admit enfin la péremption le 5 Décembre 1616, en regiſtrant des Lettres obtenues ſur la pourſuite des Etats du pays, qui demanderent au Roi le bénéfice de cette Regle. Brodeau parle de ceci ſur M. Louet, lett. P. ſom.

17, n. 2. Auſſi Baſnage, ſur l'art. 547 de la même Coutume, ayant écrit depuis cette introduction, ſuppoſe que la péremption a lieu en Normandie, & traite, pour ce Reſſort, une queſtion dont l'examen ſeroit hors de propos, ſi l'Edit de Rouſſillon n'avoit pas été enfin adopté au Parlement de Rouen. C'eſt donc par inadvertence qu'il eſt échappé à Lange de dire en la premiere partie de ſon Praticien, liv. 4, chap. 24, que la péremption n'a pas lieu en Normandie; & mal à propos il a voulu s'autoriſer en cela ſur le paſſage de Brodeau, qui n'en dit pas plus que ce que je viens de lui en faire dire.

QUEST. X.
Celui de Toulouſe l'avoit d'abord rejetée, mais l'a reçue depuis.

Quant au Parlement de Toulouſe, Brodeau, & Lange après lui, ont dit que, quand une inſtance y a été conteſtée, elle y dure trente ans. Maynard atteſte cet uſage ſur la fin du chap. 82 du liv. 2; & Auzanet dit la même choſe en l'endroit ci-devant cité.

Je crois que ces Auteurs ont tous dit cela ſur la foi de Maynard, qui, à la vérité, atteſte, en l'endroit cité ci-deſſus, que l'Edit de Rouſſillon n'a pas été reçu au Parlement de Languedoc; mais il faut que les choſes aient changé en cette Cour depuis l'impreſſion du Livre de M. Maynard: car, dans le Recueil de M. de Larocheflavin, liv. 3, tit. 6, art. 1, je trouve que l'on parle de péremption, auſſi bien que dans M. de Cambolas, liv. 2, chap. 48. Or, dans ce dernier Auteur, on traite la péremption ſur le même pied qu'elle a lieu parmi nous. Cela eſt encore plus formel dans le ſecond tome des Arrêts de M. Catelan, liv. 6, chap. 18, & liv. 7, chap. 19. Quand on a lu cet Auteur, on a peine à croire que le Parlement de Toulouſe n'ait pas enfin adopté les regles de la péremption, telles qu'elles ſont ſuivies ès autres Parlemens du Royaume ; ce qu'on reconnoît encore par le Recueil d'Albert, ſous le mot *Péremption.*

Maynard a dit inutilement que la Loi *Properandum* réglant cette matiere, l'Edit de Rouſſillon n'avoit pu s'exécuter contre la forme du Droit-Écrit, dans les Reſſorts où il ſert de Loi ; car on ſait que les Ordonnances introductives d'une pratique univerſelle font ceſſer le Droit Romain : auſſi les péremptions dont je parle ſe pratiquent ès Parlemens de Bourdeaux & de Provence, comme on le voit par les Recueils de Lapeyrere & de Boniface ; & nous les ſuivons en Breſſe & Bugey.

QUEST. XI. Ceux de Bourdeaux & de Provence l'ont reçue.

QUEST. XII. Elle a lieu en Breſſe & en Bugey.

Sur cela je demande ſi un procès évoqué, par exemple, du Parlement de Grenoble, & renvoyé à celui de Dijon, pour-

QUEST. XIII. Si un procès évoqué d'un Parlement où la péremption a lieu, & renvoyé en un autre où elle n'eſt pas reçue, périt en celui-ci, par la ceſſation de pourſuites pendant trois années.

roit s'y périmer par une ceſſation de trois années ; ou, *vice versâ*, ſi, dans une affaire renvoyée d'ici au Parlement de Dauphiné, les Parties étant de Bourgogne, ſeroient exemptes de la péremption, par quelque laps de temps qu'elles diſcontinuaſſent leurs pourſuites au Parlement de Grenoble ? Or je crois que, dans le premier cas, il n'y pourroit avoir de péremption, & qu'elle pourroit arriver dans le ſecond : me fondant au reſte ſur l'article 46 de l'Ordonnance faite au mois d'Août 1669, pour les *Evocations ;* car en ceci il ne s'agit pas ſeulement du ſtyle pratiqué dans les inſtructions, mais d'une Loi à laquelle des Parties ſont ou ne ſont pas ſujettes : ce qui ne peut dépendre du Parlement où on les renvoie ſur une évocation. Voy. Bornier ſur cet article de l'Ordonnance, & Mornac, *Cod. lib. 1, tit. 21.*

Les autres Parlemens ont reçu l'Edit de Rouſſillon. Il eſt ſeulement à obſerver que le ſeul Parlement de Bretagne ne le pratique pas comme il eſt pratiqué dans les autres Cours du Royaume qui l'ont reçu.

QUEST. XIV.

Le Parlement de Rennes n'admet la murempt. que quand, au moyen d'icelle, l'action eſt preſcrite.

En effet, dans le Reſſort du Parlement de Rennes, en vain on vient dire qu'une inſtance eſt périmée, ſi l'on ne fait pas voir que par-là l'action eſt preſcrite ; car ſi l'action ſubſiſte encore, les Bretons alors

ſont

ſont ſubſiſter l'inſtance, bien que diſcontinuée pendant trois ans. Cette pratique, pour leur être particuliere, n'en eſt pas moins raiſonnable; car à quel propos anéantir des procédures qui peuvent être recommencées ? Cela, d'un côté, n'eſt d'aucune utilité à la Partie qui oppoſe la péremption ; &, d'autre part, cela charge de frais fruſtrés celle à qui une telle exception eſt oppoſée. D'ailleurs l'Edit de Rouſſillon dit bien, à la vérité, que l'inſtance diſcontinuée ne perpétue pas l'action; mais il ne dit point que, ſi elle ſe trouve ſubſiſtante ſans le ſecours de ces procédures, elles ſeront anéanties.

Tout ce qu'on peut repliquer, c'eſt que les intérêts ou fruits échus depuis la diſcontinuation ſont perdus ou preſcrits pour celui qui a laiſſé périmer, ainſi que je l'établirai ci-après : d'où l'on voudra peut-être conclure qu'il faut donc anéantir les procédures qui en perpétuent le droit ; & voilà ſans doute ce qui paroît de plus ſpécieux contre l'uſage local de la Bretagne. Mais néanmoins ne pourroit-on pas bien faire ſubſiſter ces procédures dans le cas où l'action ſubſiſte, ſans pourtant que la Partie qui a laiſſé acquérir la péremption, pût recouvrer les acceſſoires échus pendant l'inſtance périmée ? Ce tempérament auroit épargné les frais d'une procédure qu'il eſt onéreux de recommencer ; & l'Edit de Rouſſillon auroit eu tout ſon effet, puiſque, dans ce cas, les procédures diſcontinuées n'auroient point interrompu la preſcription pour les fruits & intérêts échus pendant le procès périmé.

Quoi qu'il en ſoit de ce que je viens de dire, il eſt bien certain qu'en Bretagne la péremption n'eſt propoſable que quand celui qui la propoſe, ſoutient conjointement que, moyennant ce, l'action de ſon Adverſaire ſe trouvera preſcrite. Les preuves de cette Juriſprudence ſe trouvent dans le Plaidoyer 83 de Frain, dans Dufaîl, liv. 3, chap. 136 & 137 de ſes Arrêts, & dans la Diſſertation ſavante qu'Hévin a faite ſur cela, dans ſes *Remarques ſur la Péremption*, qui ſont à la fin du premier volume des Plaidoyers de Frain. Brodeau ſur M. Louet, lett. P. ſom. 17, dit donc trop vaguement que la péremption a lieu en Bretagne ; car elle n'y a pas une autorité ſi indéfinie. Auzanet, en l'endroit cité, loue les bornes que le Parlement de Rennes y a miſes ; & il eſt encore parlé de cette limitation reçue au Parlement de Bretagne au 5e. tome du Journal des Audiences, liv. 8, chap. 7, où le ſieur Nupied a inſéré une petite Diſſertation ſur la matiere des Péremptions. Là il dit une choſe ſur l'uſage des Bretons, qui me paroît difficile, qui est de ne pas admettre la péremption d'un appel quand l'action n'est pas prescrite ; car l'Ordonnance de 1667 fait passer en force de chose jugée la Sentence dont l'appel est périmé ; or cette Ordonnance étant générale, on a peine à croire que le Parlement de Rennes ait rejeté cette disposition qui en résulte. Mais si l'appel se périme en Bretagne quoiqu'il n'y ait pas de prescription contre la demande, comment concevoir que la premiere instance se régira par d'autres regles ? Par là on voit combien l'uniformité des usages est à desirer, & combien il naît de bisarreries des différentes pratiques qu'on laisse introduire dans un même Etat.

QUEST. XV. Celui de Dijon l'admet sans restrictions.

Pour passer à ce qui s'observe en pareil cas au Parlement de Dijon, je dis que l'art. 15 de l'Edit de Roussillon y est pratiqué, & qu'on l'y suit dans le même sens dans lequel il est suivi au Parlement de Paris & aux autres Cours qui ont admis la péremption : savoir, que les procédures discontinuées pendant trois ans sont comme non avenues, & n'ont aucun effet interruptif ni autre, dans le cas même où l'action subsiste, & où elle ne se trouve pas prescrite. On peut voir sur ceci Bouvot, tom. 2, verb. *Péremption.*

Nous suivions d'abord l'Edit de Rousſillon, & les ſeules Requêtes du Palais s'en crurent autrefois diſpenſées en ce Reſſort. On trouve une preuve de notre pratique dans les Notes de Brodeau ſur M. Louet, lett. P. ſom. 18, n°. 1 ; car il fait mention d'un Arrêt en forme de Réglement, du 6 Juillet 1624, par où le Parlement établi dans le Duché de Bourgogne ordonna qu'à l'avenir la péremption auroit lieu aux Requêtes du Palais à Dijon. Or ſi l'Edit de Rouſſillon n'avoit pas été pratiqué dès-lors dans le Reſſort du Parlement de Dijon, un tel Réglement ne ſe trouveroit pas, & d'ailleurs on auroit, dans ce cas, modifié les art. 91 & 158 de l'Ordonnance de 1629, ce qu'on ne fit pas.

Il ne laiſſe pourtant pas d'être vrai que, dans des temps moins reculés, on ſe relâcha un peu de l'exécution de l'Edit de Rouſſillon dans notre Reſſort, où la péremption a même été quelquefois condamnée ; ce que je n'ai pas vu depuis vingt ans, mais que je reconnois par le Recueil de Me. Nicolas Perier, qui étoit un ancien Avocat du Parlement de Dijon, quand je commençai de fréquenter le Barreau, & par celui du ſieur Avocat de la Mare, qui avoit vécu avant le ſieur Perier : on voit néanmoins ſous le mot *Péremption*, qu'en 1633 on convint dans la Plaidoierie d'une Cauſe, qu'elle pourroit avoir lieu ſi elle étoit bien acquiſe.

Cependant il y a eu depuis deux Arrêts dans le commencement de mon exercice, qui ont rejeté la péremption: ſavoir, un en la Tournelle, au rapport de M. de Villers, le 16 Mai 1685, entre Blaiſe Gros & Claudine Gros, femme de Me. Antoine Voiſenet, & un autre du 16 Juillet 1688, au rapport de M. de Vernot, entre Trouvant & Bailly; mais depuis, beaucoup d'autres Arrêts ont prononcé conformément à la péremption. J'en ai vu rendre un à la relevée, le 4 Mars 1689, ſur les plaidoieries de Gillet & de Maugras, entre Reine Bertaut & François Veſtu. Le 9 Février 1693, on continua de le juger entre Michel Pelletier & Benigne Legras. Autre Préjugé ſemblable, à l'Audience publique de la Grand'Chambre, entre les nommés Bouton & les Habitans de Navilly, ſur les plaidoieries des ſieurs Gillet & Normant (1). Même Arrêt le 3 Juillet 1703, à la même Audience, entre le ſieur Bougot & les Habitans de Châlon. En un mot, cela ne ſe diſpute plus en notre Reſſort; ſi vrai, que, le 8 Mai 1700, la Cour fit un Réglement ſur la matiere des Péremptions, qui ſuppoſe

(1) Cet Arrêt eſt du 26 Février 1699. Il eſt rapporté ci-après, queſt. 66 *in fine*.

qu'elles s'obſervent au Parlement de Bourgogne. Je dis même que, dans les dernieres occaſions qui donnerent lieu aux Arrêts que j'ai rapportés, on ne doutoit pas en général que des procès ne puſſent ſe périmer en cette Cour ; mais qu'on cherchoit ſeulement à ſauver la péremption par quelques-uns des moyens qui ont coutume d'y faire obſtacle, & dont il ſera parlé dans la ſuite.

QUEST. XVI. Les Requêtes du Palais de Dijon ne la reçoivent pas d'abord.

Meſſieurs des Requêtes du Palais ayant l'honneur d'être du Corps du Parlement, ont voulu douter autrefois ſi les inſtances pendantes pardevant eux, ayant été miſes une fois en état d'être jugées, elles pouvoient ſe périmer, & il a été tenu unanimement qu'elles n'étoient point exemptes de la péremption ; car Meſſieurs des Requêtes, quoique ſupérieurs en dignité & en caractere aux autres Juges appellables, le ſont pourtant eux-mêmes. D'où il ſuit qu'on peut les ſommer de rapporter un procès qui eſt en état, & qu'après les ſommations dont l'Ordonnance de 1667 parle, il eſt permis au Plaideur dont on n'expédie pas la Cauſe, d'appeller en déni de juſtice. Cela n'eſt pas d'uſage contre Meſſieurs du Parlement, qui ne ſont point des Juges appellables, & c'eſt pour cela ſeulement que les procès mis une fois en état entre leurs mains, ne ſe peuvent plus périmer, attendu que les Parties ont fait tous les mouvemens qui dépendoient d'elles.

QUEST. XVII. Par quelles raiſons les inſtances pendantes aux Requêtes doivent être ſujettes aux péremptions.

Mais, comme à l'égard de Meſſieurs des Requêtes du Palais, les Plaideurs peuvent encore les ſommer de rendre Sentence ; s'ils ne le font pas, ils s'expoſent à voir périmer leur inſtance, & la péremption ne leur ſeroit pas pardonnée quand ils viendroient dire qu'ils avoient produit & fait porter leurs productions au Rapporteur, ni même quand ils ajouteroient que ce n'eſt que par reſpect qu'ils ſe ſont abſtenus des ſommations en déni de juſtice contre des Juges qui, étant du Corps du Parlement, leur ont paru plus reſpectables.

Il faut que l'on ait trouvé des inconvéniens à écouter ces bienſéances ; car je ne trouve point que l'uſage ait mis les Parties en état de les obſerver, ſans qu'il leur en réſultât aucun préjudice. En effet, toutes les Cours & tous les Auteurs ſe ſont accordés ſur ce point, qu'une inſtance miſe en état aux Requêtes du Palais, peut ſe périmer.

Mornac, ſur la Loi *Properandum*, Cod. *de Judiciis*, aſſure ce point de Juriſprudence, & il le motive comme je viens de le motiver. *Admittitur peremptio apud Baſilicanos Recuperatores, ſeu in Palatino*

*Libellorum Foro, etiamſi ſint de Collegio Senatûs. Cùm enim nemo ambigat exceptionibus locum non eſſe, ſi modò appellari poſſit à ſeqne vel dolo agente Judice (dicimus nos Galli*, comme de déni de Juſtice) *nemo etiam neſcit appellandi à Recuperatoribus Baſilicanis antiquum morem, quia ſcilicet ut Delegati judicant : quæ unica ratio movit ſemper Senatum ut Forum illud vulgaribus cæterorum regulis ſubjiceret.*

Cette uſance nous eſt donnée pour véritable par M. Lepreſtre, en la page 63 des Arrêts célebres du Parlement, n. 8, & là il cite un Préjugé, duquel Brodeau ſur M. Louet, lett. P. ſom. 18, cote la date & la teneur. Chopin, ſur Anjou, ch. 82, n. 5, aux Addit. parlant de cet Arrêt, dit qu'il confirma une Sentence, par laquelle Meſſieurs des Requêtes avoient eux-mêmes déclaré la péremption d'une inſtance dont les pourſuites avoient été diſcontinuées trois ans en leur Tribunal; & Brodeau joint une multitude d'autres Préjugés ſemblables. On n'en trouve point de contraire dans les Livres. J'ai vu la même choſe atteſtée par Theveneau en ſon Commentaire ſur l'art. 15 de l'Edit de Rouſſillon, page 389. Là cet Auteur propoſe un expédient fort louable, qui eſt de conſeiller à une Partie qu'on ne juge pas, de faire plutôt quelqu'acte interruptif de la péremption, que de ſe porter à l'extrêmité de ſommer l'un de Meſſieurs des Requêtes du Palais en déni de juſtice.

Les autres Auteurs qui atteſtent que les péremptions ont lieu aux Requêtes du Palais, ſont Chenu, cent. 2, queſt. 34 & 35; Auzanet, page 68 du tit. de la Péremption; le ſieur Nupied, au 5e. tome du Journal des Audiences, liv. 8, chap. 7, page 595; Lange, en ſon Praticien François, au chap. cité ci-devant.

Brodeau, ſur M. Louet, lett. P. ſom. 18, n. 1, fait mention qu'autrefois les Requêtes du Palais de Dijon n'admettoient point la péremption des inſtances pendantes pardevant eux. Il cite divers Arrêts confirmatifs de cet uſage, & dit même que Meſſieurs des Requêtes de notre Reſſort avoient donné, le 19 Juin 1614, un acte de notoriété de leur ancien uſage ſur cela; mais Brodeau ajoute que cette ancienne pratique fut corrigée par un Arrêt de réglement du 6 Juillet 1624, par où le Parlement de Dijon ordonna que les péremptions auroient lieu aux Requêtes du Palais établies dans ſon Reſſort.

QUEST. XVIII. La péremption a lieu aux Requêtes de l'Hôtel.

Meſſieurs des Requêtes de l'Hôtel prétendent que les inſtances pendantes pardevant eux ne ſe peuvent périmer; mais M. Auzanet, qui parle de cette prétention en la page 66, dit que le Parlement l'a toujours condamnée.

QUEST. XIX.

La péremption a lieu aux Préſidiaux, aux Juſtices Conſulaires, aux Bureaux des Finances, dans les cas où ils jugent en dernier reſſort.

Quant aux Préſidiaux, ès chefs qu'ils jugent en dernier reſſort, on a douté ſi un procès, mis en état pardevant eux, ſe peut périmer; & il a été décidé qu'oui, parce qu'on peut leur faire des ſommations en deni de juſtice. C'eſt l'avis de Brodeau ſur M. Louet, lett. P. ſom. 18, n. 3. Il faut appliquer ceci aux Bureaux des Finances & aux Juges-Conſuls, ès cas où ils pourroient juger ſans appel. Voyez Bodereau ſur la Coutume du Maine, page 617.

QUEST. XX.

Elle n'a pas lieu aux inſtances domaniales, où le Roi eſt Partie principale; *ſecùs*, ſi le Fermier avoit le principal intérêt.

Il y a pourtant certaines matieres privilégiées où l'on ne reçoit point la péremption, comme, par exemple, les cauſes du Domaine. La Loi *Properandum*, Cod. *de Judiciis*, diſoit, au §. 1, *exceptis tantummodò cauſis quæ ad Jus Fiſcale pertinent.* Chez nous, cela ſe ſoutient par le principe de l'impreſcriptibilité des Domaines de la Couronne; car ſi la demande d'un Procureur de S. M. pouvoit ſe périmer, il pourroit arriver en certains cas que la prétention du Roi ſeroit preſcrite. Quoi qu'il en ſoit, nous avons pour maxime ancienne dans le Royaume, que *fatalia non currunt contrà Regem.* Auſſi tous nos Auteurs nous donnent pour certain, que la péremption n'a pas lieu ès causes domaniales. A ce propos, on peut voir Guenois & Néron sur l'art. 15 de l'Edit de Roussillon ; Vrevin, ch. 5, page 510 ; Chopin sur la Coutume de Paris, liv. 2, tit. 8, n. 7 ; Mornac *ad Leg. Properandum*, Cod. *de Judiciis ;* Journal du Palais, tome 2, p. 911 ; Horry, des Officialités, page 32 ; Lange, p. 489 ; Journal des Audiences, tome 5, p. 596 ; Auzanet, page 68, & les Arrêtés de M. de Lamoignon, n. 16.

La premiere observation qu'il faut faire sur cela, est que, dans une instance où on ne peut opposer la péremption au Roi, le Procureur de Sa Majesté ne la peut opposer à la Partie adverse ; car c'est une exception réciproque (1), laquelle cesse, ou a lieu réciproquement entre les Plaideurs dans une même affaire. Cette remarque est assez nettement supposée vraie dans l'article 16 des Arrêtés de M. le Président de Lamoignon, part. 2, page 226, sur le chapitre de la *Péremption* (2).

---

(1) Voyez ci-après question 35 *in fine*, & quest. 55 *in princip.*

(2) Le sieur Abbé de Fourcy, par le ministere de son Procureur d'office du Prieuré de St. Léger, fit assigner les héritiers du sieur Lyay son Greffier, pour remettre au Greffe les papiers dont il étoit dépositaire. En la Justice des lieux il y avoit eu deux Jugemens, dont les héritiers Lyay avoient interjeté appel, & cette appella-

Mais, quoique cette exception ne soit pas admissible dans les causes domaniales, je ne crois pas que cela doive s'entendre de ces causes où il ne s'agit pas du droit domanial en substance, mais de quelques échus seulement, ou de quelques droits casuels; car alors l'action qu'a Sa Majesté pour demander, par exemple, des biens commis ou confisqués, un lod ou des arrérages de cens, ou un droit de Foraine ou de Gabelles, se pouvant prescrire, l'ins-

---

tion étoit restée sans poursuites pendant douze à treize années; ensorte que le Procureur d'office prétendoit qu'elle étoit tombée en péremption. Il faut observer que la nommée Benigne Lyay, l'une des filles & héritiere du Greffier, s'étoit mariée avant que la péremption eût été acquise; & c'est un premier moyen qui fut opposé contre la demande formée par le Procureur d'office dudit sieur Abbé de Fourcy. Mais M. l'Avocat-Général Genreau, qui porta la parole, en remarqua un autre bien plus important, & qu'il traita avec toute la solidité & l'érudition dont il est capable. Ce moyen fut tiré des qualités des Parties, on veut dire de celle du Procureur d'office du Prieuré de St. Léger, qui avoit formé l'instance pour la restitution des papiers du Greffe; il fit voir que la péremption ne pouvoit point être opposée à la Partie publique, & que cette action étant réciproque, elle ne pouvoit pas être employée avec succès contre les Particuliers par le Ministere public : il appuya ce raisonnement sur l'autorité de plusieurs Auteurs, & singuliérement sur l'avis de M. le Premier Président de Lamoignon, art. 16 de ses Arrêtés. Sur cela intervint Arrêt conforme à ses conclusions le 25 Février 1737, par lequel le sieur Abbé de Fourcy fut débouté de sa demande en péremption. *Remarque sur le Traité des Péremptions, édition de 1750, page 109.*

tance intentée à ce sujet peut fort bien se périmer, sur-tout si ces échus appartenoient à des Fermiers, & par une conséquence naturelle de ce principe, l'instance mue à ce sujet, pourroit se périmer.

Mornac a dit une partie de cela dans ses Notes sur la Loi *Properandum*, où il parle ainsi : *Quòd tamen intellige, si solius Fisci intersit, non tamen si Privatus nitatur ad suum commodum atque in rem suam autoritate Principis, veluti si contulerit Princeps alicui Beneficium ecclesiasticum, Sede Episcopali vacante ; jus enim illud planè regium : nec in patrimonio regio dari fingique potest quidpiam eminentius aut potentius, aut in quo sibi magis indulgeant Judices.* Il cite ensuite un Préjugé contre celui qui faisoit valoir les droits du Roi, c'est-à-dire, un fruit de la nomination en régale, ce qui fait voir la vérité de ce que je viens de dire ; car alors l'intérêt de Sa Majesté reste entier, & il n'y a plus que les Présentés ou Fermiers qui perdent des fruits dont ils sont les maîtres, & dont la perte n'intéresse plus le Roi.

L'article 4 du Titre commun pour toutes les Fermes, dans l'Ordonnance du mois de Juillet 1681, décide « que les instances » intentées par les Fermiers des droits du » Roi, *seront sujettes à péremption*, *s'il n'y » a interruption*, lesquelles prescriptions &

» péremptions Sa Majesté entend néan-» moins avoir lieu lorsque Sa Majesté est » Partie comme exerçant les droits de ses » Fermiers ses débiteurs ». ( Voyez la 12e. part. du Journal du Palais, pag. 316.)

L'Auteur du Journal des Audiences, liv. 8, ch. 7; p. 576, dit que les affaires du Domaine où M. le Procureur-Général est la principale Partie, sont celles qui ne se périment pas. Or, si on agite, par exemple, le point de savoir si un cens est dû, ou non, au Roi, son Procureur est alors la Partie principale; car s'agissant du fond du droit censier, Sa Majesté y est la plus intéressée; & le Fermier, dont le droit n'est que momentané & pour le temps de son bail, a bien moins d'intérêt dans une telle contestation.

QUEST. XXI. Les instances de réglement entre Officiers ne sont point sujettes à péremption.

Les Charges étant émanées de l'autorité royale qui les crée, & les fonctions des Officiers se devant régler par une espece de droit public, on n'a pas cru devoir admettre la péremption dans les procès mus entre Officiers en réglement des droits & fonctions de leurs Charges; car autrement il auroit pu arriver qu'un Office, par la négligence d'un Titulaire, auroit perdu certaines fonctions que le Roi y a pourtant attachées, & qu'elles se trouveroient transmises à une autre Charge à qui Sa

Majeſté n'a jamais entendu les attribuer.

Il y a apparence que les Auteurs que je vais citer, ont fait ces réflexions quand ils ont dit que la péremption n'eſt point propoſable dans les inſtances intentées entre Officiers pour le réglement de leurs Charges. Auzanet l'a dit en la page 69, & c'eſt une déciſion préciſe dans les Arrêtés de M. le P. P. de Lamoignon, en l'art. 17, page 226 de la 2e. partie.

QUEST. XXII.
Les inſtances ſur une queſtion d'uſure, ſont ſujettes à la péremption.

Ce moyen étant une eſpece de preſcription, & l'uſure ne ſe preſcrivant pas, cela fournit autrefois un prétexte de douter ſi l'on pouvoit déclarer périmé l'appel d'une Sentence qui condamnoit un débiteur ſur la répétition de quelques intérêts exigés uſurairement.

Me. Henrys, tom. 2, liv. 4, queſt. 32, cite un Arrêt qui déclara périmé l'appel interjeté par le débiteur, d'une Sentence qui couvroit une uſure. Un Jugement la couvre quand elle a été propoſée; or une Sentence, dont l'appellation a été diſcontinuée pendant trois ans, paſſe en force de choſe jugée : ainſi il n'y a pas grand doute à former en ce cas une déciſion. Je crois que la premiere inſtance mue en répétitions d'intérêts uſuraires ſe pourroit périmer; car, quand il s'enſuivroit de là que le débiteur n'auroit plus d'action, il me ſemble qu'on peut dire qu'en cette matiere, le prétendu Uſurier a pu preſcrire *à die contradictionis ;* outre qu'en effet, s'il a été payé, il preſcrit contre la demande par trente ans, & ſi le contrat uſuraire dure toujours, l'action du créancier renaiſſant chaque année, reſſuſcite l'action d'exception de ce débiteur. Mais, en cauſe d'appel, le doute ne peut être raiſonnable, attendu que l'Ordonnance de 1667, conformément à une Juriſprudence antérieure, fait paſſer en force de choſe jugée les Sentences dont l'appel eſt périmé : ce qui n'admet point de diſtinction.

QUEST. XXIII. Les appellations comme d'abus n'y ſont pas ſujettes, exception dont cette regle peut être ſuſceptible.

La péremption ne ſauroit non plus avoir lieu contre une appellation comme d'abus, parce que M. le Procureur-Général du Roi y eſt toujours, ce ſemble, la Partie principale, ou du moins Partie néceſſaire, comme Fevret le dit ès nos. 9 & 10 du chap. 2 du liv. 1 de ſon Traité de l'Abus, mais particuliérement au n°. 13 de cet endroit, où il dit fort bien que *l'abus étant du droit public, la négligence de l'Appellant n'y peut faire préjudice.* M. le P. P. de Lamoignon, en l'art. 21 de ſes Arrêtés ſur la Péremption, dit qu'elle n'a pas lieu en l'appel comme d'abus ; Lange dit la même choſe en ſon Praticien François.

Je ne ſais s'il n'y auroit pas lieu à deux diſtinctions

diſtinctions ſur cet article ſi, par exemple, un Appellant qui ſe ſeroit engagé dans une mauvaiſe appellation comme d'abus, en voulant ſoutenir lui-même que cet appel eſt périmé, cherchoit à en éviter les frais & l'amende; l'Intimé à qui, par ce moyen, on donneroit les mains, & qui auroit eu le tort de ne point faire de diligences pendant les trois ans ſur une telle appellation, pourroit-il la ſoutenir non périmée à l'effet ſeulement de recouvrer les dépens? & alors M. le Procureur-Général n'ayant point d'intérêt en cet acceſſoire, pourroit-il dire qu'étant Partie, il n'y auroit point de péremption? Je crois bien que ſi la Partie publique trouvoit de l'abus, l'acquieſcement de Partie privée & la diſcontinuation de trois ans ne feroient rien; mais, dans l'hypotheſe que je ſuppoſe, ſeroit-il juſte que M. le Procureur-Général eût conſervé celui de la Partie privée?

D'un autre côté, il paroît irrégulier qu'une même appellation comme d'abus pût être périmée à l'égard de l'Intimé, & qu'elle ne fût pas tombée en péremption à l'égard de la Partie publique: cela ſe peut-il diviſer? Car bien qu'on y trouve deux objets différens, il n'y a néanmoins qu'un ſeul appel comme d'abus, dont l'événement doit régler le ſort de la

Partie publique & de la Partie privée.

Mais je crois qu'il n'y a pas une ſolidité bien équitable dans ce dernier raiſonnement ; car, en fait d'abus, l'intérêt d'un Particulier ſe peut couvrir par l'acquieſcement volontaire qu'il donne à un Jugement abuſif, & néanmoins, malgré cela, l'intérêt public demeure entier : enſorte qu'en déclarant Mœvius non-recevable, on pourroit, ſur les requiſitions & appel des Gens du Roi, déclarer à leur égard abuſive la même Sentence à laquelle on n'auroit pas voulu toucher, au profit d'un Particulier qui auroit bien voulu l'approuver.

Je n'ignore pourtant pas qu'il y a bien des Gens du Palais qui croient indiſtinctement que les fins de non-recevoir & les acquieſcemens n'ont pas lieu en matiere d'appel comme d'abus ; mais cette regle prétendue indéfinie doit être tempérée par les exceptions dont elle eſt ſuſceptible.

En effet, il faut voir de quelle nature eſt l'abus, & de quelle regle on le tire ; car il y a un droit qui, à la vérité, eſt public à tous égards, mais il y en a un qui, quoique public par ſon autorité, n'eſt que privé eu égard à l'utilité qui en réſulte à chacun.

Je dis donc en paſſant à ma ſeconde remarque, que ſi, par exemple, un Prêtre avoit acquieſcé à une Sentence d'un

Official qui auroit permis une preuve vocale pour ſomme excédant 100 liv. il ne ſeroit pas recevable d'appeller comme d'abus de cet interlocutoire après l'avoir exécuté; or, dans ce cas & dans ceux qui ſont pareils, l'intérêt du Procureur-Général n'empêchant pas la fin de non-recevoir, comment voudroit-on qu'il pût empêcher la péremption?

Ces diſtinctions me paroiſſent aſſez juſtes; cependant, comme les Auteurs que j'ai cités, avancent indéfiniment que les appels comme d'abus ne peuvent ſe périmer, j'avoue que ceci ne doit être ſoutenu qu'avec modération & prudence: car on ne combat pas toujours avec ſuccès des Préjugés auxquels on a laiſſé quelquefois accoutumer les Juges, faute par ceux qui défendent les cauſes, d'avoir fait ſentir les exceptions d'une regle, qui eſt trop indéfinie dans les livres de Juriſprudence.

QUEST. XXIV. Les cauſes où il s'agit de l'état des perſonnes, ne ſont ſujettes à péremption.

Mais que dirons-nous des cauſes où il s'agit de l'état d'une perſonne, comme de ſavoir ſi un homme eſt Profès ou non; ſi ſes vœux ſont nuls ou valables; s'il eſt légitime ou bâtard, noble ou roturier, franc ou main-mortable, & autres cas pareils qui touchent la capacité de la perſonne & le fond de l'état de celui qui plaide ? Il semble que la destinée des affaires de cette importance ne doit pas dépendre de la négligence d'un Plaideur; car, en ces matieres, les consentemens erronés d'une personne ne nuiroient point à son état : ainsi à plus forte raison une cessation de poursuites n'y peut nuire.

Cependant Auzanet, page 69, a dit que la péremption auroit lieu en ce cas; ce qui a été condamné par l'art. 20 des Arrêtés de M. le P. P. de Lamoignon, & par Lange, dans la premiere partie de son Praticien François.

Mais s'il n'étoit question que de savoir si une femme est portionnaire de son mari, ou si un fils est héritier de son pere, on croit qu'alors une telle contestation pourroit se périmer; car, dans l'Ordonnance de 1667, dès qu'il ne s'agit que des intérêts d'un Particulier, la péremption va de pair avec l'acquiescement.

QUEST. XXV. Elle n'a pas lieu dans les procès criminels intentés pour crimes publics & méritant peine afflictive.

Il faut voir maintenant si l'on pourroit soutenir qu'un procès criminel est périmé en cas de cessation de poursuites pendant trois années.

Je crois que, pour concilier les Auteurs sur ceci, il faut faire la distinction des crimes publics & des délits privés. L'art. 19 du tit. 25 de l'Ordonnance de 1670 semble l'approuver, quand il charge les

Procureurs de Sa Majesté & ceux des Seigneurs de poursuivre les prévenus de *crimes capitaux auxquels il peut écheoir peine afflictive*, & ce nonobstant toutes transactions avec les Parties civiles, & quand il impose silence aux Parties publiques sur *les autres* délits où il ne peut écheoir de peines pareilles.

Dans le premier cas, M. le Procureur-Général étant Partie principale, on ne peut jamais dire que le procès instruit par voie extraordinaire puisse se périmer, s'il roule sur un cas que le Plaignant ne puisse pardonner tout seul, & pour lequel il y ait lieu au contraire d'accorder quelque chose à la vengeance publique; mais dans le délit où la Partie privée peut seule demander satisfaction, sa poursuite peut se périmer.

Il est donc inutile de voir si l'on a instruit par récol & confront, ou si on a jugé sur l'information & sur l'interrogatoire, & il est aussi très-indifférent de savoir si le procès s'étant commencé par voie extraordinaire, on a reçu, ou non, les Parties en procès ordinaire.

Il me semble que la difficulté que j'examine, doit plutôt se décider par la différence que je viens de proposer, laquelle a un fondement dans le Droit & dans l'Ordonnance.

C'eſt ainſi que Vrevin l'a entendu en ſon Traité des Péremptions, ch. 39, page 534. Grimaudet eſt auſſi entré en cette penſée au liv. 10 du Retrait Lignager, chapitre 13. Les autres Auteurs qui ont parlé de ceci par rapport à la matiere criminelle, ſont Boërius, déciſ. 26; Imbert, liv. 1, ch. 34; Chopin, ſur l'art. 82. de la Cout. d'Anjou. Voyez encore Louet & Brodeau, lett. P. ſomm. 14 & 37; Mornac & Automne, ſur la Loi *Properandum ;* Bouchel, verbo *Péremption ;* Boniface, to. 1, liv. 1, tit. 23, n. 5, & to. 5, liv. 3, tit. 20; l'art. 19 des Arrêtés de M. de Lamoignon, & Auzanet, p. 69; Lange, page 489; Theveneau, p. 389; & Bodereau, ſur la Coutume du Maine, page 617.

Ces Auteurs different preſque tous. Mornac prétend que, quand il s'agiroit d'un parricide, la péremption devroit avoir lieu dans un procès criminel, & il cite un Préjugé du 13 Juin 1609.

*Quantùm ad crimina, peremptio etiam vulgata eſt, atque etſi verſetur lis in parricidio. Ità Senatus, anno 1609, die 13 Junii.* Voilà qui paroît outré.

Vrevin paroît plus raiſonnable quand il dit, au ch. 39, après Grimaudet, que la péremption ne ſe peut propoſer en un procès intenté pour crime *public.*

Dans l'article 19 des Arrêtés de M. de Lamoignon, on diſtingue ſi le procès a été civiliſé, ou non. Mais combien d'affaires criminelles civiliſe-t-on mal à propos par faveur ? & combien n'en civiliſe-t-on point par avarice ? Les bas Officiers comptent pour quelque choſe le petit produit d'un récol, d'un confront, & d'une enquête juſtificative. Or faut-il que la péremption dépende de leur caprice ? & n'eſt-il pas plus juſte de conſidérer ce que l'affaire eſt en elle-même ? enſorte que, quand elle paroîtra intéreſſer le Public, elle ne ſe pourra périmer, parce qu'alors le Procureur-Général ſera le principal contradicteur, & qu'au contraire ſi le délit n'eſt que privé, la procédure, quoiqu'inſtruite par récol & confront, pourra être périmée, parce que alors la Partie privée aura le plus grand intérêt dans un tel procès, où, à vrai dire, elle ſera ſeule intéreſſée, puiſque pouvant compoſer d'un tel crime, la Partie publique n'aura rien à dire quand elle l'aura fait.

QUEST. XXVI.

Elle a lieu dans les inſtances en Requête civile, ou en entérinement de Lettres de reſtitution.

On n'entend pas bien pourquoi quelques Auteurs ont douté ſi l'inſtance de Requête civile, & ſi celle en entérinement de Lettres de reſtitution ſe peuvent périmer ; car qu'eſt-ce qui pourroit garantir une demande reſcindante, de la Loi commune des Péremptions ?

Il ne faut pas douter que les Lettres de

Requêtes civiles & de reſciſion ne puiſſent périr par la diſcontinuation pendant trois ans, comme on peut le voir dans Boniface, to. 1, p. 80, n. 11, & to. 3, liv. 3, tit. 4, n. 11, & par les Arrêtés de M. le P. de Lamoignon, n. 3.

L'article 13, au même endroit, p. 225, dit que ſi on a laiſſé périmer l'inſtance de Requête civile, ou de reſtitution, le Demandeur ſera non-recevable à demander de nouvelles Lettres; mais je m'étonne qu'on ait enveloppé ces deux articles dans une même déciſion.

A l'égard des Requêtes civiles, le Demandeur n'a qu'un court délai pour les obtenir, & il eſt toujours expiré avant que la péremption puiſſe être acquiſe; ainſi je comprends bien qu'après trois ans de ceſſation le Demandeur n'eſt plus recevable, car alors non-ſeulement ſon inſtance eſt périmée, mais même ſon action reſcindante ſe trouve preſcrite: à quoi j'ajoute que la Requête civile ne ſe réitere pas.

Mais il ſemble qu'il faut raiſonner autrement à l'égard des Lettres de reſtitution; car, comme on a dix ans pour les obtenir, l'Impétrant en ayant pris au commencement de ce délai, il ſe peut fort bien que ſon inſtance ſoit périmée long-temps avant que ſon action ſoit preſcrite: ainſi, en ce cas, pourquoi ne lui ſeroit-il pas permis d'en faire ſceller de nouvelles, & recommencer une nouvelle inſtance pour les faire entériner ?

QUEST. XXVII. Inſtances de criées ſujettes à la péremption avant l'établiſſement du Séqueſtre & le bail ; mais après, non.

Mornac, ſur la Loi *Properandum*, Cod. *de Judic.* a cru qu'une procédure décrétale ne tombe jamais en péremption. A la vérité, l'inſtance de criées ne peut plus ſe périmer dès qu'il y a un Commiſſaire établi & des baux faits en conſéquence de la ſaiſie réelle ; mais avant cela cette procédure décrétale (c'eſt-à-dire tous les actes qui précedent la commiſſion du Sequeſtre & le bail) ſe pourroient périmer. Il faut en effet que le débiteur ſaiſi ait été dépoſſédé, pour empêcher la péremption, ſinon elle s'accomplit par la diſcontinuation de trois ans.

Les preuves de cette propoſition ſont dans M. Louet, lett. S. ſom. 14, & dans Brodeau, ſur cet endroit, n. 2 & 3, où il fait cette diſtinction.

Elles ſe trouvent encore dans l'Ordon. de 1629, art. 91, & dans Tronçon ſur l'art. 353 de la Coutume de Paris ; dans la Conférence des Ordonnances, liv. 3, tit. 1, §. 120 ; dans M. Catelan, ch. 18 du liv. 6 ; dans le Plaidoy. 110 de Corbin ; dans l'art. 18 des Arrêtés de M. de Lamoignon ; dans Vrevin, ch. 7, p. 512, & ſur-tout dans le Réglement qui fut fait le 28 Mars 1692 au Parlement de Paris, ſur la matiere des Péremptions, lequel ſe trouve à la tête du Praticien de Lange, qui atteſte cette maxime; & encore en la page 598 du to. 5 du Journal des Audiences, où l'Auteur confirme cette diſtinction. Auſſi ceux des Praticiens qui ont dit indiſtinctement que les criées ne ſe périment pas, ont eu tort: ſur quoi néanmoins il faut prendre garde s'ils n'ont pas écrit avant que cette diſtinction eût été établie. Voyez encore ſur ce point Chenu, cent. 2, qu. 34 & 35; Lepreſtre, centur. 1, ch. 56; Bouchel, verb. *Péremption*, & Theveneau, pag. 389.

Le défaut de certification des criées ne pourroit pas donner lieu à les ſoutenir périmées, ſi le débiteur avoit été dépoſſédé; tout ce qu'on peut faire alors, c'eſt d'ordonner une cinquieme & ſurabondante criée avant la vente réelle: tout ceci eſt encore obſervé par Brodeau ſur M. Louet, lett. S. ſom. 14, n. 2, *in fine*. Voyez d'Argentré ſur l'art. 268 de la Coutume de Bretagne.

Le ſieur Perier l'aîné, en ſon Recueil, n°. 42, rapporte même un Arrêt rendu à la Grand'Chambre, par Commiſſaires, au rapport de M. de Trouhans, le 23 Avril 1663, qui jugea qu'un Particulier ayant fait ſaiſir réellement les immeubles des Berjaud, & les criées ayant été vérifiées, ces débiteurs ayant payé l'Impétrant qui ſeul s'étoit oppoſé, & les choſes étant demeurées plus de trois ans en cet état, le ſieur Dupaquier n'avoit pu faire un nouveau décret, mais continuer celui-là.

QUES. XXVIII. La demande en diſtraction formée à un décret, eſt ſujette à la péremption.

Une demande en diſtraction eſt une inſtance ſéparée de l'inſtance des criées, bien qu'elle ſoit mue à l'occaſion du décret; du moins ſi elle y eſt incidente, elle n'a rien de commun avec les criées: d'où il ſuit qu'encore que l'inſtance concernant la ſaiſie réelle ne ſe périme pas depuis l'établiſſement du Commiſſaire & le bail judiciel, cependant l'inſtance en diſtraction pourroit fort bien ſe périmer ſi elle étoit diſcontinuée trois ans. Filleau, part. 3, qu. 135. Brodeau ſur Louet, lett. S. ſom. 14, n. 3 & 4.

QUEST. XXIX. L'appellation interjetée d'une ſaiſie réelle peut périr.

Mornac, ſur la Loi *Properandum*, Cod. *de Judic.* admet que l'appel d'une ſaiſie réelle ſe peut périmer, & cela ne peut faire de difficulté; mais alors l'inſtance des criées ne ſeroit pas pour cela tombée en péremption.

QUEST. XXX. Saiſie mobiliaire & arrêt de deniers, combien durent?

Quant à la ſaiſie mobiliaire, l'art. 22 des Arrêtés de M. de Lamoignon dit que ſaiſie

& arrêt de deniers demeurent ſans effet, ſi elles ſont demeurées ſans pourſuites pendant un an, bien qu'elles n'aient été ſuivies d'aucune aſſignation; mais que, s'il y a eu aſſignation, elles ne ſeront périmées que par une ceſſation de trois ans.

L'article 91 de l'Ordonnance de 1629 fait durer les ſaiſies & arrêts ès mains des tiers pendant trois ans: ainſi, dans le cas où il n'y a point d'inſtance mue au ſujet de la ſaiſie, on ne pourroit pas prétendre la péremption après une année.

Le Sequeſtre des immeubles, & le Dépoſitaire des meubles, lequel en auroit été mis en poſſeſſion, ne pourroit non plus s'en prétendre déchargé après un an, & il faudroit qu'il en rendît compte, comme Brodeau le dit ſur M. Louet, lett. S. ſom. 14, n. 2, & ainſi qu'il eſt porté par l'Ordonnance de Louis XIII. art. 158; ce qui ſert à entendre & à interpréter celle que Louis XIV. fit en 1667.

QUEST. XXXI. Saiſie féodale dure autant que celle d'immeuble.

M. Louet, en l'endroit que je viens de citer, n. 1, examine encore ſi la ſaiſie féodale dure 3 ans, ou une année ſeulement, & là-deſſus Brodeau rapporte les différentes Coutumes du Royaume; mais la nôtre n'en diſant rien, j'eſtime qu'il faut conſidérer le Sequeſtre à la ſaiſie féodale, comme le Sequeſtre à un immeuble ſaiſi; car en effet ce ne ſont pas les fruits qu'on ſaiſit alors, mais le corps du Fief, comme il eſt prouvé au to. 2 du Journal des Audiences, liv. 4, ch. 6, page 326.

QUEST. XXXII. Inſtance en exécution d'Arrêt eſt ſujette à périr.

On demande ſi une inſtance en exécution d'Arrêt peut ſe périmer? Par le 145e. des Arrêts de Leveſt, il ſemble qu'oui. Vrevin dit le contraire, ch. 44, p. 531, & il cite pluſieurs Auteurs. Theveneau, ſur l'art. 15 de l'Édit de Rouſſillon, veut qu'on diſtingue ſi l'inſtance faite en exécution de l'Arrêt a été conteſtée, ou non; mais cette diſtinction eſt bien nettement condamnée par l'Ordonnance de Charles IX.

Sur tout cela je dis que l'inſtance en exécution d'un Jugement, ſoit appellable, ſoit rendu en dernier reſſort, ſe peut périmer, comme Mornac l'aſſure ſur la Loi *Properandum*, où il cite un Arrêt, qui l'a ainſi décidé. Et en effet, bien que *actio judicati ſit perpetua*, cela ne fait rien à ma propoſition; car le Jugement reſte toujours & produit une action qui dure trente ans : de ſorte que les procédures faites en exécution étant périmées, la Partie qui a obtenu la Sentence ou l'Arrêt, peut recommencer une nouvelle inſtance d'exécution, ſi ſon action n'eſt pas preſcrite par le laps de trente années, à compter du jour du Jugement.

Mais, ſur cette matiere, je voudrois faire une eſpece de diſtinction. Ce que je viens de dire ne fait pas difficulté, ce me ſemble, quand, quelques années après le Jugement rendu, celui qui l'a fait rendre, fait aſſigner ſa Partie ou ſes Repréſentans, par une aſſignation nouvelle, pour procéder à l'exécution de ce Jugement; car alors cela forme une inſtance tellement nouvelle & ſéparée de celle ſur laquelle le Jugement intervint autrefois, qu'on ne voit pas pourquoi une telle demande ſeroit affranchie du ſort des preſcriptions.

Mais ſi, comme il arrive ſouvent, une Partie, ſans nouvelle aſſignation, agiſſoit tout de ſuite contre le Condamné ſur l'exécution, ces procédures faites ſans introduction de nouvelle inſtance, me paroîtroient ſi fort la même choſe avec la procédure conſommée par le Jugement, qu'il ſemble que c'en ſeroit plutôt une continuité, qu'un nouveau procès.

Cependant il faut convenir que les conteſtations mues ſur l'exécution, ſont autres que celles jugées par l'Arrêt, lequel eſt comme un mur de ſéparation entre les procédures qui l'ont précédé, & celles qui le ſuivent. Ainſi, quoique les premieres ſoient conſommées & conſervées par le Jugement, néanmoins rien n'empêche que les ſecondes ne périſſent, puiſqu'elles ne tiennent aucunement aux autres, & qu'elles ſont un corps de pourſuites à part, lequel en eſt tout-à-fait ſéparé.

QUES. XXXIII. Les Jugemens proviſionnels ne périſſent pas par trois ans.

Pour le Jugement proviſionnel, il ne ſe périme pas, c'eſt quelque choſe de plus qu'un Jugement d'inſtruction, & même quelque choſe de plus qu'un Jugement préparatoire.

Il ſeroit même irrégulier qu'il pérît par le temps, car le temps peut au contraire le faire paſſer en Jugement définitif; auſſi je ne trouve point d'Auteurs qui ne ſoient convenus que le Jugement proviſionnel ne s'évanouit pas par une diſcontinuation de trois ans. C'eſt l'avis de Mornac, ſur la Loi *Properandum;* qui cite là-deſſus le témoignage du Barreau de Paris; de Brodeau ſur M. Louet, lett. P. ſom. 15, n. 3; de Bouvot, to. 2, verb. *Péremption*, qu. 1, pag. 493, & de Lange, dans ſon Praticien François. Voyez Bardet, to. 2, liv. 2, ch. 54, & Legrand, part. 2, ſur l'art. 200 de la Cout. de Troies, gloſ. 1, n. 56, ſur la fin.

Brodeau obſerve même que ſi, par le même Appointement, on regle les Parties au fond, & qu'on donne la proviſion à l'une, ce Réglement peut périr avec l'inſtance, & la proviſion ſubſiſter, parce que la demande à fins proviſionnelles eſt un incident à part, qui ſe trouve vuidé par le Jugement proviſionnel; au lieu que le principal demeurant indécis, il reſte ſujet au ſort de la péremption, ſi l'on en diſcontinue la pourſuite.

On voit dans Bardet, to. 2, liv. 2, ch. 54, p. 201, qu'une Sentence qui adjuge le principal par proviſion, n'empêche pas que la demande formée antérieurement des intérêts ne puiſſe ſe périmer, quand les arrérages n'ont pas été accordés par le même Jugement proviſionnel.

QUES. XXXIV. Interlocutoires non ſujets à péremption.

Il eſt naturel d'examiner en cet endroit ſi, y ayant eu un Jugement interlocutoire dans une inſtance qui vient à périr depuis, cet interlocutoire tomberoit en péremption avec le reſte de la procédure.

Le Vendredi 5 Juillet 1715, à l'audience du matin, à huis clos, aux Requêtes du Palais, on jugea, ſur les plaidoieries de Lacoſte & Sigault, & ſur les concluſions du ſieur Davot pour les Gens du Roi, qu'une inſtance où il y avoit eu un Préparatoire des Requêtes, n'avoit pu périmer : ce fut en faveur des Chartreux de Lyon, contre le nommé Lerat, de Bugey.

Nous trouvons ſur les Regiſtres des Délibérations ſecrettes du Palais, un Arrêt du Parlement de Dijon, du 8 Avril 1645, qui décida que, bien que l'inſtance fût périmée,

mée, le Jugement préparatoire ne pouvoit être enveloppé dans la péremption. Mornac, ſur la Loi *Properandum*, dit la même choſe. Cela me paroît bien irrégulier; car l'interlocutoire, par exemple, qui permet une preuve, n'eſt qu'un acte inſtructoire. Or ſi on veut le faire ſubſiſter, la procédure ſur laquelle il ſera intervenu, ſera en vain périmée; car le Préparatoire ſeul fera une interruption, & ce ne ſera plus une nouvelle inſtance qu'il faudra recommencer, car alors on reprendra cet interlocutoire pour dernier errément: & d'ailleurs comment concevoir l'exiſtence d'un Préparatoire & l'anéantiſſement des procédures ſur leſquelles il aura été formé?

D'ailleurs on verra par la ſuite qu'on doutoit anciennement ſi les enquêtes pouvoient échapper à l'effet de la péremption. J'avoue que l'uſage conſerve celles qui ont été faites dans une inſtance même périmée; mais le doute n'auroit jamais été propoſable ſi l'interlocutoire avoit le même privilege.

Auſſi M. Catelan le croit ſi peu, que, dans le vol. 2 de ſes Arrêts, liv. 7, ch. 19, pag. 480 & 490, il dit que l'interlocutoire ſeroit périmé quand même il réſulteroit d'un Jugement qui contiendroit quelques prononciations définitives ſur d'autres articles: il en cite un Préjugé du

Parlement de Toulouse, du mois de Maï 1662, intervenu sur partage.

QUEST. XXXV.

L'appel d'un interlocutoire périt, le principal ne périt pas.

Selon cet Auteur, il en seroit autrement s'il y en avoit eu appel avant la péremption acquise d'un chef définitif; parce que cet appel empêchant de poursuivre l'exécution de son Préparatoire pardevant le Juge ainsi dessaisi, cette circonstance auroit conservé non-seulement l'interlocutoire, mais la procédure contenant l'article par rapport auquel il seroit intervenu.

Cependant M. Catelan dit une chose qui fait que l'interlocutoire tout périmé, produiroit encore quelqu'effet, comme de conserver le Préjugé qu'un tel fait est admissible. Sur quoi je fais un grand doute; car si on admet la péremption de l'interlocutoire, c'est alors comme s'il n'avoit pas été fait, & le Jugement est comme non avenu, suivant l'Édit de Roussillon. Si donc on veut dire que l'interlocutoire est définitif, en ce qu'il décide que la preuve vocale est recevable, en ce cas j'aimerois assez la jurisprudence du Parlement de Dijon, qui décide qu'il ne se peut se périmer.

Brodeau sur M. Louet, lett. P. som. 16, n. 3, dit une assez mauvaise raison pour établir que le Préparatoire ne se périme pas; car, selon lui, c'est à cause que l'enquête dépend du fait de la Cour. Mais, 1°. il falloit donc restreindre l'avis aux interlocutoires faits aux Parlemens; car ès Jurisdictions inférieures on peut sommer le Commissaire, & de plus il dépend d'une Partie de faire certaines diligences auprès d'un Commissaire de la Cour : ainsi, supposé qu'après l'interlocutoire elle ne l'eût pas fait signifier, & qu'elle n'eût pas fait les démarches qui sont de son fait, pour obliger un Commissaire à partir, comme de consigner; ou que ce Commissaire ayant donné commission de faire assigner les témoins à son hôtel, la Partie négligeât de les diligenter; en tous ces cas-là pourroit-on dispenser de la péremption? Lange, page 488 de son Praticien, dit la même chose que Brodeau.

Albert, lett. P. art. 1, p. 275, dit que les Arrêts interlocutoires se périment, & il ajoute qu'un Arrêt qui ordonne un sequestrat, n'étant pas définitif, il tomberoit en péremption.

M. de Lamoignon, en ses Arrêtés, art. XV, pag. 225, dit que *l'appel d'une Sentence interlocutoire étant péri, l'instance principale tombe aussi en péremption, pourvu qu'il n'y ait point de défenses particulieres de passer outre à l'instruction du principal.*

Dans l'usage du Parlement de Paris, ceci est moins étonnant que dans le nôtre, qui eſt tel, par une pratique qui doit ſon origine à l'ignorance des Praticiens de Bourgogne, que l'on s'arrête dès qu'il y a appel d'un Préparatoire; cela n'eſt pourtant pas conforme à l'Ordonnance de 1667, laquelle, au titre des Enquêtes, ne donne ici aucun effet ſuſpenſif à une telle appellation.

Or, en ſuppoſant que l'on peut exécuter le Préparatoire nonobſtant & ſans préjudice de l'appel qui n'eſt pas ſuivi d'un Arrêt de ſurſéance, l'Intimé qui reſte dans l'inaction pardevant le Juge qui lui a permis une preuve, eſt inexcuſable, ſi, pendant trois années, il ne fait rien en la Juriſdiction dont eſt appel, & alors on peut ſoutenir à toute rigueur que l'inſtance principale ſe périmeroit en la premiere Juriſdiction, ſi l'appel tomboit en péremption à la Cour.

Cependant cela ne vaudroit rien à ſoutenir en Bourgogne, où l'on n'eſt pas univerſellement dans la penſée qu'un Préparatoire ſoit exécutoire par proviſion nonobſtant l'appel; & d'ailleurs, quand cela n'auroit pas de contradicteur, il n'en réſulteroit autre choſe ſinon que ce ſeroit une faculté & non une obligation à l'Intimé de paſſer outre. Or la Partie appellant pour faire, par exemple, rejeter les faits pour être impertinens ou inadmiſſibles, pour quoi puniroit-on la prudence que cet Intimé autoit eu de ne vouloir pas risquer les frais d'une preuve, avant que d'être sûr du principe par un Arrêt de confirmation ?

Mais, ce qui me détermine davantage à cet avis, c'est la réflexion suivante : la péremption d'une instance ne doit jamais être possible contre une Partie, qu'en même temps elle ne le soit contre l'autre ; or l'instance principale ne se pourroir périmer contre l'Appellant dans le cas que j'examine, puisque son appel le dispense d'agir en exécution d'un interlocutoire qu'il espere de faire réformer : or tandis que parlà il est à l'abri de la péremption dans la Justice dont il est Appellant, la Partie adverse y sera-t-elle exposée ? C'est ici un moyen respectif, & ce genre de prescription triennale doit courir également contre les deux Parties, ou être également suspendu au profit de l'une & de l'autre. J'établirai cette réciprocité dans la suite (1).

Qu. XXXVI. Les Jugemens par défaut ne sont sujets à la péremption ; mais les instances mues pour les faire rétracter, y sont sujettes.

Quant au Jugement par défaut, il ne se périme pas, car il a la même force qu'un Jugement définitif, ne dépendant point de celui qui l'obtient de le rendre contradic-

---

(1) Voyez ci-après sur la question *si les interlocutoires périment*, le Titre de la Péremption d'instance, N°. XV.

toire, & la Partie adverſe étant la maîtreſſe de ſe rendre défaillante, ce qui ne doit pas nuire à ſon Adverſaire.

Lange, p. 489, ne dit rien de contraire; il avance ſeulement que, dès qu'il y a une Sentence qui reçoit un oppoſant à celle rendue par défaut, l'inſtance redevient ſuſceptible de péremption, & je le crois; car alors le Jugement par défaut eſt comme non avenu, je crois même que ſi l'on procédoit ſur le fond comme s'il étoit entier, l'inſtance pourroit ſe périmer, bien que le Jugement par défaut n'eût pas été rétracté; & de même de l'inſtance d'oppoſition à l'exécution d'un Arrêt rendu contre un défaillant: mais alors ce n'eſt plus le Jugement rendu par défaut qui ſe périme, c'eſt l'inſtance mue pour le faire rétracter, ou la premiere inſtance reſſuſcitée par l'anéantiſſement du défaut.

Il y a des perſonnes ou des Communautés qui, ſous prétexte qu'elles ſont privilégiées en quelque choſe, ont cru que la péremption ne pouvoit avoir lieu à leur préjudice; mais je ne ſais que le Roi qui en ſoit exempt (1).

Qu. XXXVII. L'ignorance, la pauvreté, la puiſſance de l'une des Parties, n'excuſent pas de la péremption.

Grimaudet, au ch. 15 du liv. 10 du

(1) Voyez ci-après le Titre de la *Péremption d'inſtance*, N°. XIII.

Retrait Lignager, & Vrevin, ch. 4, p. 510, demandent ſi la péremption a lieu *contrà ignorantes?* Mais ce doute ne me paroît pas raiſonnablement formé, car un Plaideur ne peut ignorer qu'il a une inſtance, ainſi ce n'eſt pas l'ignorance du fait qui peut lui ſervir ; or quant à celle du droit, perſonne n'eſt reçu à l'alléguer : outre qu'une Partie a toujours ou peut avoir un Avocat & un Procureur qui l'avertiſſent des effets de la diſcontinuation, en tout cas qu'elle s'impute de s'être miſe en de mauvaiſes mains.

Quand un Plaideur ſeroit ſi pauvre qu'il n'auroit pas de quoi contribuer à continuer ſes pourſuites, j'eſtime que cette pauvreté extrême n'empêcheroit pas ſon inſtance de ſe périmer ; car, en ce cas, le Juge doit ordonner à un Procureur & à un Avocat de ſervir une telle perſonne ſans rétribution. Et de plus, ſi on admettoit ce moyen, il ſeroit impoſſible de fixer jamais le degré de miſere qui ſeroit requis pour qu'il fût admiſſible. Vrevin s'eſt déterminé par ces raiſons contre l'indigent, c'eſt dans le Traité des Péremptions, ch. 22, où il dit que la cauſe du pauvre ſe périme comme celle du riche.

Theveneau, ſur l'art. 15 de l'Édit de Rouſſillon, ſoutient que la Partie allégueroit en vain, pour ſauver une péremption, les infirmités qui l'auroient empêché d'agir, ou le crédit de ſon Adverſaire qui l'auroit tenu dans le reſpect & dans l'inaction, & il réfute Cujas qui excuſe celui *qui diſtulit actionem, vel propter potentiam Adverſarii, vel propter infirmitatem.* Et en effet, nous n'admettrions pas de ſi mauvaiſes excuſes dans une matiere où la moindre procédure proroge l'inſtance pour trois ans.

Qu. XXXVIII. La peſte, les troubles en excuſent, ſi la Juſtice ceſſe abſolument.

La contagion ou peſte ſurvenue en la maiſon de l'Avocat ou du Procureur, ne rendroit-elle pas excuſable un Plaideur qui ne pourroit, ce ſemble, continuer ſes pourſuites ſans aller chez ſon Défenſeur, ni le fréquenter ſans courir riſque d'être empeſté?

Mais je métonne que tant d'Auteurs ſe ſoient occupés de l'examen d'un cas ſi inſolite & quaſi impoſſible; car, en premier lieu, où trouvera-t-on que la peſte ſoit pendant trois années continues dans la même maiſon? En ſecond lieu, on peut changer de Procureur & d'Avocat, ou ſe ſervir du Subſtitut du Procureur pour lui faire faire quelque procédure interruptive.

A la vérité, ſi la peſte étoit ſi générale dans le lieu, que l'exercice de la Juſtice y eût ceſſé abſolument, j'avoue qu'il faudroit raiſonner d'une autre maniere; mais dans le cas où, malgré la contagion, on continue d'expédier les causes, je ne saurois penser que la peste qui se trouveroit dans la maison du Procureur ou de l'Avocat saisi de pieces, pût servir de prétexte à soutenir que pendant ce temps-là une instance n'auroit pu se périmer. Voyez pourtant ce qui a été écrit sur cela par Theveneau sur l'art. 15 de l'Édit de Roussillon; par Louet, lett. P. som. 14; par Vrevin, ch. 31; par Filleau, page 4, quest. 92; par Lange, page 485.

Filleau, dans l'endroit cité, n'a point d'égard à la calamité publique, si l'exercice de la Justice continue; & Grimaudet, en son Traité du Retrait Lignager, liv. 10, ch. 6, n. 3, veut qu'en cas de cessation de la Jurisdiction pour cause de peste ou autre affliction générale, on déduise sur les trois ans requis pour périmer, le temps pendant lequel la Justice n'a pas été exercée, bien qu'on ne diminue pas les féries ordinaires de cette prescription.

De même s'il survient guerre ou trouble dans une Province, la péremption ne s'acquiert pas pendant ces temps d'agitation & de désordre. Voyez Papon, liv. 12, tit. 3, art. 36; Bacquet, en son Traité des Rentes, ch. 6; Bouchel, en sa Bibliotheque du Droit François, verb. *Péremption*; Grimaudet, liv. 10, ch. 6 du Retrait Lignager, & Vrevin, ch. 12, p. 515.

Ceux qui ſont abſens *Reipublicæ causâ*, doivent commettre à quelqu'un le ſoin de leurs affaires, ſuivant la Loi *Qui poteſt*, ff. *de Reg. Jur.* La péremption court donc contre eux, d'autant plus qu'ils ſe peuvent munir de Lettres d'État. Voyez, pour preuve de cette vérité, Boniface, tom. 1, liv. 10, tit. 23, n. 4, & Vrevin, ch. 6, p. 512. Voyez auſſi Grimaudet, du Retrait Lignager, liv. 10, ch. 15.

QUES. XXXIX. Les diffuites d'une Partie n'en excuſent pas.

Quelques Auteurs ont cru que les fuites, chicanes & ſubterfuges d'une Partie, pouvoient fournir à l'autre un prétexte légitime de s'excuſer contre la péremption, & il y a apparence qu'ils ſe fondent ſur le chapitre 20 aux Décrétales, *de Judic.* où Honoré III. dit quelque choſe de ſemblable en parlant de la péremption qui avoit lieu parmi les Romains, & qui differe beaucoup de celle qui s'obſerve en France. On voit dans le ch. 9 de Vrevin, p. 513, les Auteurs qui ont pris cette penſée.

Mais il me paroît que jamais une Partie ne peut éviter la péremption par cet endroit; car quelques chicanes, retards, fuites & ſubterfuges que ſon Adverſaire ait mis en uſage, & quelques dilations qu'il ait affectées pour fatiguer ſa Partie, celle-ci reſte en état de faire un acte en trois ans pour la conſervation de ſon inſtance; de maniere que, ne le faiſant pas (elle qui n'en peut être empêchée par le chicaneur du monde le plus extrême) court le danger de la péremption.

Par le Droit Romain il falloit que le Demandeur en matiere civile eût fini ſon inſtance dans trois ans, & qu'à peine de déchéance de ſon droit il l'eût fait juger dans ce terme, de quoi il pouvoit être empêché par les retards affectés d'un Défendeur qui fuyoit la juſtice; alors il étoit bien juſte d'exempter le Demandeur d'une péremption procurée par ſon Adverſaire: mais parmi nous ce raiſonnement ne vaudroit rien.

QUEST. XL. Si l'interdiction de tous les Officiers d'un Siege empêche le cours de la péremption?

Une inſtance étant pendante dans un Siege, on en interdit les Officiers, par exemple, faute par eux de payer une taxe; ce qui néanmoins ne ſe fait guere pour une telle cauſe. Mais ſuppoſons que, pour quelqu'autre cauſe plus grieve, l'interdiction enveloppe tous les Officiers d'un Tribunal, la péremption courra-t-elle pendant cet empêchement? Je ne vois pas pourquoi non, car il reſte des Gradués & des Praticiens pour remplacer les Officiers; & ſi l'on veut encore imaginer que les Avocats & les Procureurs ſont interdits, il ne tient qu'aux Parties de ſe pourvoir à la Cour pour faire commettre un Siege voiſin. J'avoue pourtant que dans ces deux derniers cas l'inſtance pourroit ne pas ſe périmer, parce que nous verrons dans la ſuite qu'elle ne ſe périme pas quand le Procureur de l'une des Parties meurt, quand il vend ſa Charge, ou quand il tombe dans l'interdiction ; & cependant celui pour lequel il occupoit, pouvoit aiſément en commettre un autre : il ſuffit donc qu'il n'y ſoit pas obligé, pour que la péremption n'ait pas lieu. Voyez, ſur ces derniers cas, le § final de la Loi premiere, ff. *de diverſ. temp. Præſcrip.* Vrevin, chap. 33. Il cite Ludovicus Romanus, Oldrade, Boërius & Grimaudet.

QUEST. XLI.

Un procès ne périt pas au Parlement tandis que les Parties plaident au Conſeil en réglement de Juges, ni au Bailliage tandis qu'on plaide à la Cour ſur la compétence.

Il faut, pour qu'une affaire puiſſe ſe périmer dans un Tribunal, que les Parties ſoient libres d'y agir; de ſorte que ſi le procès que j'ai au Parlement eſt évoqué par ma Partie, il ne ſe périmera pas en cette Cour, tandis que nous plaiderons au Conſeil en réglement de Juges. En effet, le Parlement ayant les mains liées par l'inſtance d'évocation, le procès au fond ne s'y peut périmer; & quant à l'incident de l'évocation, puiſqu'il eſt pendant au Conſeil, où rien ne ſe peut périmer, il ne peut non plus s'évanouir par une diſcontinuation de trois ans. C'eſt l'avis de Mornac, en ſes Notes, Cod. tit. *quandò libel-*

*lus princip.* &c. V. auſſi Papon, liv. 12, tit. 3, n. 17, & Vrevin, ch. 18, p. 519.

De même j'ai un procès dans un Bailliage. Ma Partie me fait un incident à la Cour, prétendant qu'elle y doit être attirée ſous prétexte de litiſpendance ou autre; tant que cet incident dure à la Cour ſur la compétence, l'affaire principale ne ſe peut périmer, ni au Parlement qui ne l'a point encore retenue, ni au Bailliage, dont le droit eſt ſuſpendu par l'incident attaché à la Cour. Voyez Bouchel, verbo *Péremption*, ſur ce dernier cas.

QUEST. XLII. Arrêt qui renvoie à un autre Siege, n'eſt ſujet à péremption.

Henrys, tome 1, livre 4, chapitre 6, queſtion 101, page 626, examine ſi un Arrêt qui renvoie à un autre Siege, eſt ſujet à la péremption, & on peut dire que non; & de plus l'inſtance renvoyée ne ſe périme pas non plus au Siege auquel on en a attribué la connoiſſance, à moins qu'il n'en ait été ſaiſi par une aſſignation.

QUEST. XLIII. Compromis ſuſpend le cours de la péremption; exceptions à cette regle.

En matiere d'inſtance compromiſe, elle eſt conſervée par le compromis tant qu'il dure; mais du jour de ſon expiration l'affaire retombant en la Juriſdiction où elle étoit pendante, quand les Parties compromirent, elle s'y pourroit périmer par une ceſſation de trois ans.

Il faut obſerver que, pour que le compromis faſſe obſtacle à la péremption, il n'eſt pas beſoin qu'il ſoit ſuivi de procédures.

Mais ſi l'inſtance compromiſſoire, ce qui eſt rare, duroit plus de trois ans pardevant les Arbitres, & que les Parties fuſſent reſtées trois ans dans le ſilence pardevant eux, il ne faut pas douter que la péremption ne ſe formât.

Les Auteurs qui atteſtent ces différentes propoſitions, ſont Vrevin, ch. 27; Bardet, tome 1, livre 2, chap. 1; article 23 des Arrêtés de M. de Lamoignon; Lange, page 485 & 490; Auzanet, p. 68; Grimaudet, du Retrait Lignager, liv. 10, chap. 7, page 208.

Au reſte, ſi de pluſieurs Conſorts du même procès les uns compromettent, & que les autres ne veuillent pas entrer dans le compromis; ce que les uns font dans un tel procès n'empêche pas que le procès ne ſe périme à l'egard des autres. C'eſt l'avis de Vrevin, chap. 39. M. Louet, let. C, ſom. 3, n. 5.

QUEST. XLIV.

Procès mis ſur le bureau & diſtribué à un Rapporteur, lorſque le Rapporteur change de Chambre, devient ſujet à la péremption ſi on n'en fait pas commettre un autre.

Quand il y a Arrêt qui dit que les pieces ſeront miſes ſur le bureau, l'affaire ne ſe périme pas tant que le même Rapporteur reſte dans la Chambre où le mis ſur le bureau a été ordonné; mais comme il n'emporte pas le promptement d'audience en une autre Chambre quand il y passe, du jour qu'il a quitté celle qui a ordonné le mis sur le bureau, la péremption commence de courir, étant du devoir des Parties de faire commettre un autre Rapporteur, comme il fut arrêté le 5 Avril 1688 (1), ainsi qu'on le voit par le Registre des Délibérations secrettes du Palais. Que si l'on néglige d'user de cette diligence, l'affaire, malgré l'Arrêt à mettre sur le bureau, se périme, ainsi que la Cour l'a établi par un Réglement du 8 Mai 1700, qui se trouve encore sur le Registre des Déliberations secrettes du Palais, & qui est spécial pour ce cas.

QUEST. XLV. Procès par écrit, dont les pieces sont au Greffe, & dans lequel il y a un Rapporteur nommé, ne périt pas, quoique les Parties ne lui fassent pas porter les pieces.

Par Arrêt de la Tournelle du 9 Février 1719, jugé qu'un procès produit au Greffe de la Cour ne tombe plus en péremption quoique les Parties n'eussent pas fait porter les pieces au Commissaire. On crut que cette diligence n'est point à la charge des Plaideurs, que le Garde-sacs doit le faire d'office, & ensuite qu'il faut qu'il demande son droit. Ce Préjugé intervint entre le

(1) Cet Arrêt est daté du 5 Avril 1686, dans la premiere édition de cet Ouvrage imprimé en 1750; mais il ne se trouve point au Registre des Délibérations secrettes de la Cour, sous l'une ni l'autre de ces dates, ainsi que je l'ai vérifié.

ſieur d'Andelot & les ſieurs Perrachon de Varambon.

Il y a de petites affaires qui, par l'Ordonnance de 1667, doivent être renvoyées au jugement d'un tiers Avocat, & d'autres qui ſe jugent par MM. les Gens du Roi; or, en tous ces cas, elles peuvent ſe périmer, car les Parties ont une eſpece de Tribunal, ſoit au Parquet, ſoit en la maiſon d'un tiers nommé par la Cour, où elles peuvent faire leurs diligences. C'eſt l'avis de Charondas cité par Vrevin, chap. 39, p. 535.

QUEST. XLVI. Lorſque la Partie prend les pieces en communication du Rapporteur, la péremption ne laiſſe pas de courir contre l'autre en Juriſdiction appellable, *secùs* en Cour ſouveraine.

Il arrive ſouvent à la Cour qu'un Procureur prend en communication, ſur ſon récépiſſé, des mains du Rapporteur, les pieces d'un procès qui eſt en état; ſur quoi je demande s'il y aura péremption en faveur de la Partie de ce Procureur, s'il garde les pieces plus de trois années en ſa puiſſance? Je trouve que Brodeau ſur M. Louet, lett. P. ſom. 16, n. 3, ſur la fin, & Lange, page 489, partie premiere de ſon Praticien, ont prévu ce cas.

Si la choſe s'eſt paſſée en une Juriſdiction appellable, je crois que l'inſtance eſt périmée; car la Partie adverſe de celui dont le Procureur a pris les pieces en communication, n'a pas dû laiſſer écouler trois années ſans ſommer ſon Juge, &

par

par cette diſcontinuation il a donné lieu à l'anéantiſſement de l'inſtance. S'il avoit fait des ſommations en déni de juſtice, ſon Rapporteur lui auroit dit que l'autre Partie retenoit les pieces, & on auroit pu agir contre elle pour la reſtitution.

Mais, en Cour ſupérieure, il y a lieu de raiſonner autrement, parce que la Partie qui a mis ſon procès en état d'être jugé, n'oſeroit ſommer ſon Rapporteur en déni de juſtice, & il peut ignorer que les pieces ſoient entre les mains de ſa Partie.

Mais quand le Procureur a pris les pieces en communication, ſi le procès n'étoit pas encore entiérement en état, ce qui pourtant peut rarement arriver, alors je crois que cette circonſtance n'empêcheroit pas la péremption.

QUEST. XLVII.

La péremption ne court pas contre le mineur non pourvu de tuteur, *ſecùs* s'il en a un, pourvu qu'il ſoit ſolvable.

Pour ſavoir ſi elle a lieu contre les mineurs (1), ou ſi en tout cas ils ne ſeroient pas reſtituables, j'eſtime qu'il faut diſtinguer entre les mineurs pourvus de tuteurs & ceux qui n'en ont point, & entre ceux qui, en ayant, en ont de ſolvables ou d'inſolvables; car quand il y a un tuteur, & qu'il a de quoi répondre

(1) Voyez ci-après Titre des Péremptions, N°. XIII, & les Remarques ſur le Traité des Péremptions, édition de 1750, pag. 82 & 83.

de ſes actions, il faut donner un cours libre à la péremption contre le mineur, & à celui-ci une garantie contre le tuteur qui, par ſa négligence, a laiſſé périmer ſon inſtance.

Mais cette preſcription ne peut courir contre le mineur qui n'auroit point de tuteur; car c'eſt à ſa Partie à lui en faire commettre un pour pouvoir diriger une procédure valable contre lui, ou c'eſt à elle de ſommer la Partie publique de faire procéder à une élection de tuteur. Le Réglement des Criées, fait en 1616 pour la Bourgogne, fournit un exemple de ceci.

Quand le majeur reſte ſans Défenſeur par le décès de ſon Procureur, cet événement met l'inſtance hors d'état de ſe périmer; cependant il pourroit conſtituer un autre Procureur. Or, ſi cela eſt vrai, comme on le reconnoîtra par la ſuite, je trouve encore plus de raiſon à introduire la même choſe en faveur d'un mineur, qui n'eſt pas capable de requérir le Juge de le mettre en tutele.

Mais ſi le mineur eſt ſous la puiſſance d'un tuteur inſolvable & hors d'état de le garantir, il n'y a pas moyen d'admettre ſans reſtitution une péremption qui le conſtitueroit dans une perte ſans reſſource, & qui pourroit lui être d'autant plus préjudiciable, que quelquefois le même événement qui rend l'inſtancee périmée, fait que l'action eſt preſcrite. Or, dans une telle circonſtance, il y a une juſtice toute manifeſte ou à dire que la péremption ne s'eſt pas accomplie, ou tout au moins à reſtituer le mineur contre le défaut de pourſuites.

Je ſais bien que l'article 120 de l'Ordonnance de 1539 a décidé que l'on ne reſtitueroit point contre la péremption pour quelque cauſe & matiere que ce ſoit, & que Mornac a dit ſur la Loi *Properand.* que cette Ordonnance s'obſerve très-religieuſement; mais pourtant, dans le cas que j'ai excepté, il ſeroit bien difficile d'admettre une péremption, principalement ſi elle emportoit la preſcription de l'action.

La plupart des Auteurs qui ſe ſont déclarés contre la reſtitution, ont admis ce tempérament. Voyez Vrevin, chap. 3, & chap. 5, 16 & 30. Il cite Louet, Papon, Chopin, Grimaudet. Voyez Charondas, liv. 10, chap. 20 de ſes Réponſes; Bouvot, tome 2, verbo *Interruption*, queſtion 5; Bodereau, ſur la Coutume du Maine, page 517; Bouteiller, page 89, n. 19; Theveneau, page 389; l'Hommeau, partie 2, folio 70, maxime 265; Bouchel, verbo *Péremption;* Papon, liv. 12, tit. 12, n. 19 & 20; Boniface, tome 1, liv. 1, tit. 23, n. 3; Brodeau ſur Louet, lettre P. ſom.

14; Journal des Audiences, tome 5, page 597; M. le P. P. de Lamoignon, en ses Arrêtés, art. 27 & 28; Auzanet, page 69; Lange, page 483; de Montholon, page 220, n. 2, 3, 4, 5, 6; page 204, n. 11; pages 197 & 198.

Voyez encore sur la même question Chenu, cent. 1, chap. 66; Louet, lettre J. som. 13; Mornac, *ad Leg. Properandum*, Cod. *de Judic.* §. *si desidia;* Lapeyrere, p. 165, lett. P. décis. 23, & Leprestre, pag. 80 de ses Arrêts célebres.

QUES. XLVIII. Demême contre les Communautés.

Le cas des mineurs semble devoir régler celui des Communautés laïques & ecclésiastiques, & celui des Hôpitaux, Fabriques (1) & autres Corps qu'on égale aux mineurs quant aux privileges. Il faut donc croire que ces Corps ayant leurs Administrateurs, la péremption a lieu contre de telles Communautés.

Il faut seulement examiner si la distinction proposée en l'art. 26 des Arrêtés de M. de Lamoignon, pourroit être reçue, qui est de conserver l'instance discontinuée

(1) Me. Gabriël Davot, en ses Recueils manuscrits qui sont déposés en la Bibliotheque de l'Université, *verb.* Péremption, s'exprime ainsi : « la Péremption a lieu contre les Fabriques des Eglises : jugé par Arrêt du 31 » Mai 1706, entre le sieur Monin, Demandeur, & les » Fabriciens d'Auxonne, Défendeurs. »

ſi la péremption emportoit perte du principal & aliénation des immeubles de ces Communautés; mais comme en Bourgogne l'on peut preſcrire par trente ans contre l'Egliſe, je ne vois pas pourquoi on admettroit ce tempérament de conſerver pour actes interruptifs, une inſtance qui naturellement ne doit pas interrompre, dès qu'elle eſt périmée.

Mais ne faudroit-il pas plutôt raiſonner comme j'ai raiſonné ſur les mineurs, & dire qu'en theſe générale la péremption court contre les Communautés, à moins qu'elles ne fuſſent ſans Défenſeurs, ou qu'elles n'en euſſent que d'inſolvables, c'eſt-à-dire hors d'état de réparer ſur leurs biens le dommage qui réſulteroit à ces Communautés laïques ou eccléſiaſtiques, de la négligence de leurs Adminiſtrateurs? Voy. à ce propos Brodeau ſur M. Louet, lett. P. ſom. 14; Bouchel, verb. *Péremption*; Lange, p. 483; tome 5 du Journal des Audiences, p. 596; Auzanet, p. 69. On jugea au Parlement de Dijon, le 3 Juillet 1703, à l'audience publique de la Grand' Chambre, ſur les Plaidoyers des ſieurs Gouget-Duval & Bridon, que l'appel des Habitans de Châlon étoit périmé: ce fut au profit du ſieur Bougot, Commiſſaire aux Revues de la même Ville, que cet Arrêt fut rendu.

Quoique réguliérement la cessation de trois années fasse périr l'instance, il faut néanmoins observer qu'il y a des événemens qui la mettent dans une situation en laquelle elle ne peut se périmer; & généralement parlant, je dis que, dès qu'il se fait dans un procès quelque changement, il ne peut plus se périmer, comme dit Mornac sur la Loi *Properandum*, Cod. *de Judic.*

Mais néanmoins cela ne doit s'entendre que des changemens qui ont rapport aux Parties, ou à leur Procureur, ou à l'état des personnes qui plaident : ceci s'éclaircira par les exemples dont on parlera dans la suite.

QUEST. XLIX. La mort de l'une des Parties empêche la péremption envers toutes.

L'un des événemens qui arrête le cours d'une péremption, c'est la mort de l'une des Parties. Ce premier cas ne fait point de difficulté; & en effet, contre qui le temps pourroit-il courir? Ce n'est pas contre le défunt, qui est dans le plus grand empêchement où l'on puisse se trouver, puisque la mort a fixé tous ses mouvemens; or ce n'est pas non plus contre son héritier, tant qu'il n'est pas assigné en reprise d'une instance qu'il ignore souvent, mais dont la cessation ne lui seroit pas imputable, quand même il la sauroit, puisqu'il faut être actuellement Partie dans un pro-

QUEST. LI. Et la péremption ne peut recommencer qu'après que l'instance a été reprise avec les héritiers.

cès, pour être exposé au sort de la péremption. Les Auteurs qui ont parlé de ces cas, sont Bouchel, verb. *Péremption*; Bouvot, to. 2, verb. *Interruption*, quest. 4; Corbin, plaidoyer 110; Hévin sur Frain, p. 28 des Additions aux notes; Bodereau sur la Coutume du Maine, p. 616; Arrêtés de M. de Lamoignon, art. 3; Lange, p. 484; Journal des Audiences, tome 5, p. 596; Auzanet, page 68.

Or l'une des Parties étant décédée, & cela empêchant que la péremption ne puisse s'acquérir au préjudice des héritiers, ceux qui lui succedent ne peuvent dire que du moins elle est acquise contre la Partie survivante; car j'ai déjà dit que c'est ici une prescription synallagmatique, & que l'un ne la peut acquérir contre l'autre, tandis que celui-ci ne la peut acquérir contre le premier; & de plus, le décès de l'une des Parties mettant le procès hors d'état d'être jugé, il le met hors d'état de se périmer à tous égards. Les Auteurs qui ont parlé de ces propositions, doivent être entendus en ce sens.

QUEST. LII. La péremption est une prescription synallagmatique.

Il ne faut pas douter qu'encore que l'instance d'un mineur soit sujette à péremption, néanmoins si son tuteur venoit à mourir, comme alors il seroit sans Défenseur, la cause ne se périmeroit plus, pas

QUEST. LIII. La mort du tuteur empêche la péremption.

même après la nomination d'un nouveau tuteur, à moins qu'il n'eût été mis en cause, & que l'instance n'eût été reprise avec lui. C'est l'observation de Bodereau sur la Coutume du Maine, page 616.

QUEST. LVI. La péremption commencée contre le mineur, court contre lui devenu majeur.

Mais si la péremption étant commencée contre le mineur, il devient majeur, continuera-t-elle? Lange, page 485, croit qu'oui, & il cite Brodeau sur Louet, let. P. som. 13. Il dit même que cela a été jugé par les Arrêts.

On n'en peut douter dans le cas où le mineur devenu majeur est mis en qualité; mais cela me paroît plus disputable si le tuteur continue d'être en cause depuis la majorité, & qu'il ne fasse rien; car il peut & même il doit continuer les affaires commencées, ou avertir la Partie adverse de la majorité survenue à son mineur. Ce cas est particulier & il mérite attention; car celui qui plaide avec un mineur, doit être instruit de son âge, & agir avec lui-même dès qu'il le peut.

QUEST. LIV. De même la mort du Procureur.

M. le P. P. de Lamoignon, en l'article 4 de ses Arrêtés, a dit que la mort du Procureur n'empêchoit point la péremption; cependant cela est contraire à l'usage & à la notion commune du Palais. On voit en effet dans tous les Livres de Jurisprudence, que le décès du Procureur tire le procès de l'état auquel il doit être pour pouvoir se périmer. On peut voir sur ceci Mornac *ad L. Properandum;* Corbin, plaidoyer 110; Bodereau sur la Coutume du Maine, page 216; Vrevin, ch. 25; Hevin sur Frain, page 28, ès Additions aux notes; Lange, p. 484; Journal des Audiences, tom. 5, pag. 596; Auzanet, page 68.

QUEST. LVIII. La mort du Rapporteur n'empêche la péremption.

Mais si le Rapporteur venoit à mourir, cet événement n'empêcheroit pas la péremption; car la Partie à qui on l'objecteroit, auroit eu tort de ne pas faire commettre un autre Juge pour le rapport de son procès. Lange a dit le contraire, mais sans fondement; car tant qu'il reste quelque chose à faire de la part d'une Partie en Cour supérieure, le procès peut s'y périmer, & même en cause principale quand elle auroit mis l'affaire en état, si elle n'a pas sommé le Juge en déni de justice. Le Réglement dont je parlerai dans la suite au sujet des mis sur le bureau au rapport des Conseillers qui tournent avant que d'avoir jugé, confirme ce que je viens de dire.

QUEST. LV. De même la vente de son Office, ou s'il tombe dans l'interdiction.

Or c'est la même chose si le Procureur a vendu son Office, ou s'il est tombé dans l'interdiction; car alors il est du devoir de la Partie adverse de faire assigner celui, au Procureur duquel telle chose est arrivée, aux fins d'en constituer un nouveau. Voyez le Journal des Audiences, tome 5, p. 596, & l'art. 2 du tit. 26 de l'Ordonnance de 1667.

QUEST. L. Quand même le procès seroit en état d'être jugé au temps de cette mort.

Mais si, quand ces événemens arrivent, le procès étoit tout instruit & en état d'être jugé, l'Ordonnance de 1667 disant, en l'art. 1 du tit. 26, qu'alors le Jugement ne sera différé par la mort des Parties & de leurs Procureurs, ne pourroit-on pas dire que l'instance une fois mise en cette situation pourroit se périmer, si pendant trois ans rien ne s'y faisoit? Cependant je soutiens le contraire; car la Partie ou le Procureur étant mort, personne de ce côté-là ne peut plus faire ni les actes interruptifs pour conserver l'instance, ni les sommations aux Juges pour juger le procès qui est en état. Or la péremption est une peine contre le Plaideur négligent; mais quelle négligence peut-on imputer à un homme qui est mort, & quelle omission de procédure reprochera-t-on à un Plaideur qui n'a plus de Procureur? On ne lui peut dire qu'il en devoit constituer un autre; car nous venons d'établir que, quand le sien est décédé, interdit, ou s'est défait de ſon Office, le temps de la péremption ne court plus à ſon préjudice, l'autre Partie ayant dû faire les diligences néceſſaires pour qu'un nouveau Procureur fût conſtitué.

QUEST. LVII. Les procédures commencées contre une fille qui paſſe ſous puiſſance de mari, & diſcontinuées depuis ſon mariage, ne tombent en péremption.

Celui qui plaide avec une fille ou avec une veuve, doit, dès qu'elle ſe marie, faire aſſigner ſon mari pour l'autoriſer, ſinon les procédures continuées contre cette perſonne qui paſſe ſous l'autorité d'autrui, ſeroient nulles, & la ceſſation des pourſuites depuis le changement d'état ne feroit pas périmer l'inſtance. Les garans de cette juriſprudence ſont Mornac ſur la Loi *Properandum;* Tronçon ſur l'art. 233 de Paris; Bardet, to. 1, liv. 1, ch. 18; Brodeau ſur Louet, lett. J. ſom. 13; Bodereau ſur la Coutume du Maine, p. 616; art. 24 des Arrêtés de M. de Lamoignon; Lange, p. 484; Auzanet, p. 69; Journal des Audiences, tom. 5, p. 596.

Les maris, par nos Coutumes, exercent les droits poſſeſſoires & mobiliaires de leurs femmes indépendamment d'elles; or un mari venant à décéder après une inſtance intentée pour un tel ſujet, la ceſſation depuis ſon décès ne fera point de péremption; il faut aſſigner la veuve en repriſe, d'autant plus que, comme Lange le dit page 484, elle a pu, abſolument parlant, ne rien ſavoir d'un tel procès.

QUEST. LIX.

Les procès mis en état & distribués aux Cours supérieures, ne périssent plus.

La péremption a également lieu en général tant dans les Cours supérieures, que dans les Tribunaux appellables; mais néanmoins il y a deux différences essentielles auxquelles il faut prendre garde.

J'ai déjà touché la premiere, qui est que, dans une Jurisdiction où on ne juge qu'à la charge de l'appel, l'instance se périme, quoique mise en état par les Parties, c'est-à-dire encore qu'elles aient écrit & produit, fait nommer un Rapporteur & tenu la main à ce que les pieces lui fussent portées; au lieu que, quand tout cela a été fait au Parlement, le procès n'est plus dans une situation à se pouvoir périmer.

La raison de différence est connue de tout le monde. Il est plus dû de respect à des Juges souverains, qu'à des inférieurs; & bien qu'il en soit dû à tous proportionnellement, néanmoins l'usage & l'Ordonnance autorisent que, dans un Siege appellable, une Partie, dont le procès est en état, somme son Rapporteur de le décider: mais il est dû un plus grand respect à un Rapporteur de Cour souveraine, & la Partie seroit répréhensible, qui lui feroit des sommations de juger.

On a bien prévu que si des Officiers inférieurs sont capables d'une longue négligence, cela n'arriveroit jamais dans un Parlement, où MM. les Conseillers sont visiblement consister une partie de la justice qu'ils rendent, dans la prompte expédition, & d'ailleurs on a considéré que le caractere respectable de la souveraine Magistrature ne seroit peut-être pas assez ménagé, si on laissoit un Conseiller de Cour souveraine exposé à la pétulance d'un Plaideur, auquel il pourroit arriver de se porter à l'extrêmité injurieuse d'une sommation en déni de Justice.

Et enfin ce n'est pas toujours la faute d'un Conseiller au Parlement, s'il ne rapporte pas un procès dès qu'il est en état, car il faut trouver le Bureau libre. Or, les affaires étant bien plus nombreuses dans un Parlement que dans un Bailliage, le retard inexcusable dans un Siege inférieur est quelquefois d'une nécessité indispensable dans un Tribunal souverain.

Au reste, on sait que, quand il survient à M[rs]. les Conseillers du Parlement des causes d'absence un peu longues, ou d'autres empêchemens pour affaires domestiques, ils ont l'équité de remettre au Greffe les procès qui sont à leur rapport, & dont ils ne veulent jamais retarder l'expédition.

Quoi qu'il en soit, rien n'est plus certain que l'on ne peut sommer les Rapporteurs en Cour souveraine de rapporter ; ainsi le Plaideur qui a mis son procès en état dans un Parlement, a fait tout ce qui dépend de lui. Or, comme la péremption eſt introduite en haine de la négligence, on n'en peut plus imputer aucune aux Parties dans un cas pareil.

Mais ſi, dans une Juriſdiction inférieure, le Plaideur vouloit avoir pour ſon Juge un ménagement dont il eſt diſpenſé par l'Ordonnance, ſon inſtance ſe périmeroit, bien qu'il l'eût d'ailleurs miſe en état : voilà une 1[ere]. différence qui ſe trouve entre la péremption dans les Sieges appellables, & celle qui ſe peut former au Parlement ou autres Juriſdictions, où l'on juge des appels en dernier reſſort. Il ne ſert donc à rien que le procès ſoit en état dans une Juſtice qui ne juge pas en dernier reſſort comme le Parlement : ſur quoi l'on peut voir Vrevin, chap. 21, 24 & 26; Bouchel, verbo *Péremption*; Dufail, liv. 3, chap. 21, & Lange, pages 485 & 486.

La ſeconde différence eſt encore très-conſidérable; car, ou c'eſt une premiere inſtance qui eſt périmée, ou c'eſt une cauſe d'appel. Si c'eſt une premiere inſtance, il n'y a que la procédure de perdue, & pourvu que l'action ne ſoit pas preſcrite, le Demandeur peut recommencer ſon inſtance.

Mais si c'étoit un Appellant qui, soit dans un Bailliage, soit dans une Cour supérieure, eût laissé périmer son appel, alors le Jugement passeroit en force de chose jugée, & il ne pourroit plus appeller de nouveau, bien que les trente ans que l'on a pour interjeter un appel ne fussent pas expirés. Cela est décidé bien expressément dans l'art. 6 du tit. 27 de l'Ordonnance de 1663.

QUEST. LX. Différence entre la péremption de l'instance & celle de l'appel.

Elle n'est même en cela que déclarative du droit commun du Royaume, car la même chose se pratiquoit déjà auparavant, comme on peut le voir dans Papon, liv. 12, tit. 3, n°. 18; Leprestre, cent. 2, chap. 66; Henrys, tome 2, liv. 4, quest. 33; Brodeau sur Louet, lett. P. som. 14 & 15; Chenu, cent. 1, quest. 94, & cent. 4, quest. 37; Basnage, sur l'art. 575 de la Cout. de Normandie; Theveneau, p. 389; Bodereau sur la Cout. du Maine, p. 617; Airaut, page 541, & Leprestre, dans ses Arrêts célebres, page 80; Lange, pages 486 & 487, & le cinquieme tome du Journal des Audiences, page 596.

Mais on a demandé si l'Appellant ne pouvant pas appeller de nouveau, l'Intimé, après la péremption, ne pouvoit pas appeller lui-même? Et il faut croire que non; car la Sentence, par la péremption, passant en force de chose jugée, elle y passe également pour & contre les deux Parties; & bien que l'Intimé qui n'a point encore été Appellant, n'ait pas contre lui la haine de la réitération, cependant il y a obstacle égal, quand il veut appeller, le Jugement se trouve alors un Jugement qui, par l'effet naturel de la péremption, est passé en force de chose jugée. C'est une chose dont il y a témoignage dans l'article 11 des Arrêtés de M. de Lamoignon, page 225; car là il dit que l'appel d'une Sentence étant péri, la Sentence demeure confirmée, & qu'il n'est loisible à l'une ni à l'autre des Parties d'en appeller de nouveau. Hevin, sur les Plaidoyers de Frain, page 343, avoit déjà dit la même chose.

Il ne faut pourtant pas croire pour cela qu'en cas d'appel désert la même chose ait lieu qu'en matiere d'appel périmé : il est vrai qu'autrefois on pratiquoit au Parlement de Dijon, que quand la désertion avoit été une fois déclarée, on ne permettoit plus à l'Appellant de réitérer son appel.

Cela s'exécuta ainsi jusqu'au 20 Mai 1686. Alors on permit la réitération de l'appel à celui dont la premiere appellation avoit été déclarée déserte, & tout ce qu'on établit en haine de la premiere négligence

négligence, fut qu'en ce cas la Sentence s'exécuteroit par provision.

Selon Imbert, liv. 1, chap. 72 de sa Pratique civile, ce n'étoit point là l'usage du Parlement de Paris; car il ne recevoit point la seconde appellation d'une Partie qui avoit laissé tomber la premiere en désertion; mais on voit en la seconde partie du Journal du Palais, page 600, que le 31 Mai 1672, le Parlement de Paris fit ce que celui de Dijon n'établit qu'en 1686, c'est-à-dire, qu'il permit d'appeller de nouveau dans le cas où le premier appel avoit été déclaré désert.

QUEST. LXI. Entre la péremption & la désertion d'appel.

Il y a donc bien de la différence entre un appel désert & un appel périmé; aussi la même Ordonnance, qui dit que, dans le cas de la péremption, la Sentence passera en force de chose jugée, n'a rien dit de pareil dans le cas de la désertion.

Theveneau, à la fin de ses Notes sur l'art. 15 de l'Edit de Roussillon, page 390, rend une bonne raison de ceci, qui est que, dès que l'appel n'est ni relevé, ni anticipé à la Cour, il n'y est pas pendant, ainsi il ne peut s'y périmer, car il faudroit qu'il y fût attaché par une assignation, pour que la péremption contre cet appel pût y prendre son cours; c'est une proposition qu'on va établir incessamment.

Or, dans le cas dont je parle, il n'y a que l'inſtance de déſertion qui ſoit pendante à la Cour, & qui s'y puiſſe périmer, mais la cauſe d'appel n'y eſt pas liée, & c'eſt ce qui fait qu'il ne ſe peut qu'elle s'y périme.

Si néanmoins, comme dit Theveneau, en l'endroit qui vient d'être cité, la déſertion avoit été convertie en anticipation, il ne faut pas douter qu'alors l'appel ne devînt ſujet à ſe périmer; mais c'eſt parce que, dans ce cas, il ſe trouveroit relevé à la Cour, par la diligence de l'Intimé. Voy. Boniface, tome 1, liv. 1, tit. 27, n°. 7.

QUEST. LXII.

L'appel non relevé, ne périt pas par le laps de trois ans.

Je viens de dire qu'un appel, quoiqu'interjeté, ne peut ſe périmer, s'il n'eſt point attaché à la Cour, ſoit par une aſſignation, du côté de l'Appellant qui le releve, ſoit de la part de l'Intimé (1) qui l'anticipe, & la raiſon de cela eſt, que ſuivant l'Edit de Rouſſillon, il n'y a que l'inſtance qui ſe périme; or, un appel émis, & non relevé ni anticipé, ne fait pas une

(1) Me. Gabriël Davot, en ſes Recueils manuſcrits qui ſont dépoſés en la Bibliotheque de l'Univerſité, *verb.* Péremption, s'exprime ainſi : « Appellation ſimplement interjetée par Cédule & non relevée, ne ſe périme point » par le laps de trois ans. Jugé ſur les Plaidoieries des » ſieurs Ravey & Coquard, le 25 Février 1701, à l'Au» dience publique. »

cauſe d'appel, il dure donc trente ans en cet état, & les preuves qu'il ne ſe périme pas dans cette ſituation, ſont dans Vrevin, chap. 39; dans M. Louet, lett. P, ſom. 14, n°. 10 *in fine*; Lepreſtre, cent. 2, chap. 66, n°. 4, & la derniere des notes marginales en cet endroit; Theveneau, page 390; Airaut, page 541; art. 14 des Arrêtés de M. de Lamoignon; Réſolution de Charondas, page 103; de Montholon, part. 1, page 59; Lange, page 483.

J'avoue néanmoins que le 2 Août 1710, il échappa un Arrêt à l'Audience d'inſtruction, par lequel on déclara périmée une ſimple cédule, contenant appel interjeté par le ſieur Vallon de Montmain, lequel n'étoit ni relevé, ni anticipé : ce fut un nommé Rouſſel, Hôte à Dijon, dont le Procureur ſurprit cet Arrêt à une Audience où la cauſe ne fut pas défendue par Avocats, & où celle de l'Appellant périt par l'ignorance & la témérité de ſon Procureur, qui s'ingéra à plaider une telle queſtion. En effet, le Parlement de Bourgogne eſt ſi peu dans l'uſage de déclarer périmés les appels émis & non relevés, que, le 13 Mars 1699, il jugea qu'un appel n'étoit pas périmé par une diſcontinuation de douze ans, n'ayant été ni relevé, ni exécuté. Cette déciſion fut même portée ſur le regiſtre des Délibérations ſecrettes du Parlement, ce qui caractérise bien ce Préjugé.

QUEST. LXIII. Le commandement est sujet à péremption lorsqu'il produit une instance, *secùs* lorsqu'il n'en produit point.

Je crois que c'est ici l'endroit de placer la question de savoir si un commandement se périme, sur quoi l'on distingue; car s'il ne produit point d'instance, il dure trente ans; mais s'il produit une opposition qui fasse un procès, l'instance périssant alors, le commandement, qui en est une partie, périt aussi. J'ai pour garans de cette doctrine, Bretonnier sur Henrys, tom. 1, liv. 4, quest. 73, page 562, & l'art. 6 des Arrêtés de M. de Lamoignon, avec Auzanet, page 68; Faber, Cod. *de litis contest.* def. 2; Papon, liv. 8, tit. 8. *Sic judicatum* le 13 Août 1712, à la Tournelle, pour MM. de Saint-Pierre de Mâcon, contre Bouillet, qui disoit qu'un commandement étoit périmé, ce que l'on condamna au rapport de M. Jehannin, aux Commissaires (1).

QUEST. LXIV. Les instances quoique contestées, sujettes à péremption.

Autrefois les anciens Praticiens ont tenu que, dès qu'une fois la cause étoit contestée, elle ne pouvoit plus se périmer, ce

(1) Me. Gabriël Davot, en ses Recueils manuscrits, au mot *Péremption*, indique encore, sur la même question, Brodeau, sur Paris, art. 113, n. 4, & sur l'art. 94, le Journal du Palais, part. 10, p. 57.

qui dérivoit d'une Regle du Droit écrit, qui décide que les actions temporaires devenoient perpétuelles par la litis-contestation.

On trouve des témoignages de cette ancienne pratique dans Bodereau, sur la Coutume du Maine, page 617; dans Vrevin, chap. 22, 36 & 37, & dans la Paraphrase de Bourdin, sur l'art. 120 de l'Ordonnance de 1539; voy. aussi Bouchel, verb. *Péremption*, & Pérard Castel, tome 2, pages 177 & 178, n°. 23, où il cite Guenois.

Mais on considéra que la contestation formée dans une instance, n'empêchoit pas que les Parties, après avoir contesté, ne tombassent dans une négligence qu'on a voulu punir : le Législateur ayant trouvé de l'inconvénient à souffrir qu'un procès qui trouble toujours le repos des familles, pût durer trente années, à la faveur d'une litis-contestation, qui se forme trop aisément, suivant les principes de l'Ordonnance de 1667, pour produire un effet si durable.

Aussi Charles IX. soumit à la Loi des Péremptions, les instances quoique contestées; car, *ors*, dans l'art. 15 de l'Edit de Roussillon, ne veut pas dire, *à moins*, mais il signifie *quoique*.

QUEST. LXV.

De même celle où l'une des Parties ne s'est point présentée.

Il y avoit aussi eu autrefois un ancien doute sur cette matiere, qui ne subsiste plus; car quelques Auteurs avoient cru que, quand une demande étoit introduite, elle ne pouvoit pas se périmer, tant que le Défendeur n'avoit pas constitué de Procureur; on trouve des vestiges de cette vieille erreur dans M. Louet, lett. P. somm. 14; dans Henrys, tome 1, page 626, & dans les Annotations de Bretonnier; dans Grimaudet, page 200, au dixieme liv. du Retrait Lignager, & encore dans la Consultation de Duplessis.

Je trouve encore dans le second tome du Recueil du sieur de la Mare, Avocat, page 343, que le 3 Juin 1633, le Parlement de Dijon fit sur ceci un Arrêt à l'Audience publique, sur la plaidoierie de fut M^e. Charles Fevret, & qu'il se détermina en faveur de cette ancienne Jurisprudence. Voy. un semblable Préjugé dans Bardet, tome 2, liv. 3, chap. 17.

Mais cette proposition a été condamnée dans les derniers temps & avec justice; car l'Edit de Roussillon n'exige pas que, pour qu'une instance soit périmée, les Procureurs se soient présentés : & en effet, le défaut de présentation du Défendeur, ne rend que plus aisée la Sentence que le Demandeur doit poursuivre, à peine de voir sa procédure anéantie par une cessation de trois ans.

Aussi je trouve qu'on n'a pas fait cas, sur-tout dans les derniers temps, de la subtilité de ceux qui ont voulu dire qu'il n'y a point d'instance avant la présentation respective des Parties; car, si l'Ordonnance de Roussillon s'est servie du terme d'instance, c'est parce que ce mot lui a paru générique & propre à désigner toutes sortes de procès, abstraction faite des causes poursuivies contradictoirement, ou par défaut.

Or, voici les Arrêts & autorités qui servent à établir que le Défendeur qui a fait défaut, peut opposer à la Partie demanderesse, la péremption de sa propre instance.

Il y en a un Préjugé formel dans le Journal du Palais, part. 10, page 212; & je le fis juger sur ma plaidoierie à l'Audience publique de la Grand'Chambre, pour le sieur Chatelard, contre le sieur Comte de Châtillon, au mois de Mars 1701. C'est une décision adoptée dans l'art. 2 des Arrêts de M. de Lamoignon, & le Parlement de Paris en fit un Réglement le 28 Mars 1692, qu'on trouve à la tête du Praticien de Lange, & encore dans le 5e. tome du Journal des Audiences. Voy. le dernier livre, page 597. Je vois même dans le Dictionnaire des Arrêts de Brillon, tome 3, page 82, col. 2, n°. 18, que dès le 18 Juillet 1687, le Lieutenant Civil au Châtelet de Paris avoit certifié l'uſage de ſon Siege être tel, que la demande ſe périmoit, bien qu'il n'y eût de préſentation de part ni d'autre (1).

QUEST. LXVI.

Nonobſtant l'appointement de concluſions, l'inſtance périt à la Cour par diſcontinuation de procédures pendant trois ans.

Mais ſi, dans un Parlement, une affaire étoit conclue, l'appointement de concluſions feroit-il cenſé l'avoir miſe en état, à l'effet de ne pouvoir ſe périmer. On a cru autrefois que cette diligence ſuffiſoit pour empêcher la péremption, c'eſt une maxime antique dont il eſt parlé dans le Commentaire de Theveneau, ſur les Ordonnances, page 388, où il en cite une d'Henri III. formelle à ce ſujet. Voy. Louet, lett. P, ſomm. 16; Vrevin, chap. 39; Néron, ſur l'art. 15 de l'Edit de Rouſſillon; Papon, liv. 12, tit. 3, n°. 18; Lepreſtre, cent. 2, chap. 66; Grimaudet, page 204, & Bodereau, p. 617, ſur la Cout. du Maine.

Cependant ſi ç'a été là autrefois une maxime, je la trouve bien changée, & en effet, après l'appointement de concluſions, il reſte bien des choſes à faire de

(1) M. le Préſident Bouhier eſt d'un ſentiment oppoſé à celui de Me. Melenet. V. ci-après tit. de la Péremption d'inſtance, nomb. XXII.

la part des Parties; ainſi, ſuppoſé qu'elles viennent à les omettre, le procès n'eſt point cenſé en état à la Cour, & il peut tomber en péremption quoique conclu.

En effet, ſuivant l'art. 17 du tit. 11 de l'Ordonnance de 1667, on ne reçoit des griefs & de réponſes à griefs, qu'après le réglement de concluſions, & même le Rapporteur ne ſe nomme qu'après; & c'eſt enſuite de tout cela qu'on lui fait porter les pieces par le Greffier; mais ſi les Parties ont manqué à quelques-unes de toutes ces diligences, le procès peut fort bien ſe périmer. On trouve des preuves de cela dans l'art. 3 des Arrêtés de M. de Lamoignon; il faut pourtant convenir que le Réglement du 28 Mars 1692, fait pour le Parlement de Paris, eſt contraire à ce ſens. Voy. ſur ceci Lange, page 486; le cinquieme tome du Journal des Audiences, page 596; Hévin ſur Frain, page 30 de ſes Addit. aux notes; Brillon, tome 3, page 84, col. 2, n°. 51, où il cite Boné : là il eſt dit qu'après l'appointement de concluſions il reſte encore bien des choſes à faire de la part des Parties.

J'ai vu agiter cette même difficulté à l'Audience publique de la Grand'Chambre, par les Avocats Gillet & Normant, le 26 Février 1699. Une affaire, d'entre les Habitans de Navilly, & les nommés

Bouton, avoit été conclue à la Cour; mais l'Arrêt de conclusions n'avoit pas été signifié, ni l'amende consignée, quoique les Parties eussent produit; ce procès ayant été discontinué plus de trois ans en cet état, la difficulté fut de savoir s'il étoit périmé, & on déclara la péremption.

QUEST. LXVII. Instances mues par actions annales, ne périssent que par trois ans.

Nous avons des actions annales, comme celles qui competent pour injures verbales, ou pour un droit lignager ou possessoire; or, ces actions se prescrivent par une année, quand on ne les intente pas; on demande si, lorsqu'elles sont une fois mues, cela les fait durer trois ans, parce que la regle de Droit veut que les actions temporaires étant intentées, deviennent par-là perpétuelles?

Quelques Auteurs ont cru que la contestation ne devoit pas perpétuer la durée de celles qui sont annales, sur quoi on peut voir Filleau, part. 4, quest. 95; Chenu, cent. 1, quest. 95; le Vest, Arrêt 188; Theveneau, pages 388 & 389; Basnage, sur l'art. 499 de Normandie; Airaut, page 541; Lange, page 490; Auzanet, page 68; Journ. des Aud. tome 5, p. 596; Grimaudet, p. 210; Bodereau, sur la Cout. du Maine, p. 615 & 616; Pierre de Merville, sur Normandie, p. 529 & 530; Pérard - Castel, tome 2, page 176; la

Lande, ſur l'art. 377 de la Coutume d'Orléans, tome 2, page 180; Duret, ſur le même art. page 281; Buridant, ſur Rheims, page 387, n°. 6. Quelques-uns de ces Auteurs ont diſtingué entre l'action annale non conteſtée, & l'action annale qui l'a été; ils font périmer la premiere par un an, & ils donnent deux fois plus de durée à la ſeconde.

Mais cette diſtinction, quoiqu'adoptée par l'art. 10 des Arrêtés de M. de Lamoignon, me ſemble bien contraire à l'art. 15 de l'Ordonnance de Charles IX, qui ne compte pour rien la litis-conteſtation; cependant le Veſt, Arrêt 186, & Vrevin, chap. 45, diſtinguent de la maniere dont je l'ai rapporté, & pluſieurs autres adherent à leur diſtinction.

Quant à moi, je crois que dès que l'action eſt intentée avant que d'être preſcrite, elle dure trois ans, ainſi qu'une action trentenaire qu'on n'intenteroit que ſur la fin de la vingt-neuvieme année. De cet avis ont été M. Louet & Brodeau, lett. I, ſom. 2, & Bouchel, verb. *Péremption*. Au reſte, tout le monde comprend que l'action annale étant une fois périmée, elle eſt toujours néceſſairement preſcrite, comme Papon en fait la remarque au liv. 12 de ſes Arrêts, tit. 3, n°. 20.

Le Vendredi 16 Juillet 1717, à la

Grand'Chambre, au Rôle de relevée, Arrêt au profit de la veuve Corferet, contre le fieur Latroche & les Fabriciens d'Arnay-le-Duc, qui jugea que l'inftance poffeffoire mue par ladite veuve, n'étoit pas tombée en péremption, bien qu'elle l'eût laiffée plus d'un an fans pourfuites; Develle plaidoit contre elle, & M^e^. Sigaut conclut pour les Gens du Roi.

QUES. LXVIII. La péremption fe couvre par des procédures volontaires.

Quoique la péremption dérive d'une Ordonnance générale, qui femble faire un droit public dans le Royaume; cependant, comme l'Edit n'eft public que quant à l'autorité, & qu'il eft privé par rapport à l'avantage particulier qui en réfulte à chaque Plaideur, je ne trouve pas raifonnable le doute que quelques Auteurs ont formé, fur le point de favoir fi une Partie peut renoncer à cette exception; cependant on trouve ce problême dans le chap. 14 de Vrevin, & même Bouchel, dans fes Addit. verbo *Péremption*, a cru que ce moyen ne pouvoit pas fe couvrir par des procédures volontaires; fur quoi l'on peut voir M. Louet, lett. P. fom. 21; Lange, p. 490, & le cinquieme tome du Journal des Audiences, page 597.

Ce raifonnement conduit à rejeter les raifons de douter fi une convention feroit bonne, par laquelle les Parties feroient demeurées d'accord que, quelque cessation de poursuites qui se fit entre elles, il n'y auroit point de péremption : c'est un cas que Grimaudet, page 209, & Vrevin, ès chap. 11, 13, 20 & 28, ont jugé à propos d'examiner.

Tout cela est si véritable, que si une Partie n'oppose pas la péremption, le Juge ne la sauroit suppléer de son office; ce qui a deux fondemens : l'un général, qui est que la péremption est un moyen auquel il n'est pas permis au Juge d'avoir égard que quand la Partie l'oppose à l'autre, parce qu'un Plaideur peut avoir intérêt de ne pas se servir d'une péremption acquise, soit pour ne pas perdre les frais d'une procédure quelquefois longue, soit pour n'être pas remis au premier pas. Voy. de Montholon, page 92; Lange, page 490; Auzanet, page 68; l'art. 5 des Arrêtés de M. de Lamoignon; Mornac, ad Leg. *Properandum;* Valla, Tract. 15, p. 89 & 90; Henrys, page 32.

Les seuls doutes raisonnables qu'on peut former sur ceci, c'est de savoir, 1°. s'il faut un département exprès de la péremption de la part de celui en faveur de qui elle est acquise, ou si une renonciation tacite suffiroit; comme si, par exemple, un Plaideur pouvant opposer au Demandeur que son instance est périmée, procédoit volontairement ſur le fond, comme ſi l'affaire étoit encore ſubſiſtante; or, je crois que ſur cela on ne peut rien imaginer de plus juridique que ce que nous liſons dans l'art. 4 du Réglement fait au Parlement de Paris, le 28 Mars 1692, duquel j'ai déjà parlé, & où il eſt dit que la péremption n'aura pas lieu dans les affaires qui y ſont ſujettes, ſi la Partie qui a acquis la péremption, reprend l'inſtance; ſi elle forme quelque demande; ſi elle fournit quelques défenſes, ou ſi elle fait quelqu'autre procédure; ſi enfin, il intervient quelque Jugement interlocutoire ou définitif, ou quelques Appointemens, pourvu néanmoins que ces procédures ſoient connues de la Partie, ou faites par ſon ordre.

Ces derniers mots décident la queſtion ſouvent agitée, & qui conſiſte à ſavoir, ſi le Procureur ſans pouvoir, ou à l'inſu de la perſonne qui l'a conſtitué, peut lui nuire dans cette exception, en la bleſſant par des procédures faites du mouvement de ce Procureur, & ſans avoir conſulté ſa Partie. Tous les Auteurs ſont aſſez d'accord que cela n'eſt pas dans le pouvoir du Procureur, ſur quoi on peut voir Mornac*, ad L. Properandum.* Cod. *de Judic.* Brodeau, ſur M. Louet, lett. P, ſom. 21; Lange, page 491, & l'art. 5 des Arrêtés de M. de Lamoignon.

QUEST. LXIX. Appellation verbale pendante à la Cour, sujette à peremption, quoiqu'il y ait eu Arrêt portant que les Parties auront audience au premier jour.

Brodeau, sur M. Louet, lett. P, som. 16, n°. 3, examine un autre cas, qui consiste à savoir, si la Cour ayant dit sur une appellation verbale que les Parties auroient audience au premier jour, & cependant défenses d'exécuter la Sentence, cette appellation pourroit se périmer après cela.

Brodeau dit qu'on tient que non ; mais il le dit sans appuyer une telle proposition ni d'Arrêts, ni de raisons, ni d'autorités.

Il est vrai qu'il allegue qu'après cela, il n'y a plus rien du fait des Parties, mais c'est en quoi il y a de l'erreur ; car les Parties peuvent mettre la cause au rôle, ou poursuivre l'audience sur Placet, & elles peuvent aussi faire quelques actes interruptifs dans les trois ans. Il faut se donc défier de cette opinion solitaire, & convenir que Lange a eu raison de dire, en la page 488 de son Praticien, que l'avis de Brodeau pourroit recevoir beaucoup de difficultés.

QUEST. LXX. Cause mise au rôle & non appellée, sujette à péremption.

Tous les Auteurs de Paris tiennent qu'une cause mise au rôle, ne se périme plus ; Ferriere, sur Paris, des Prescriptions, tome 1, tit. 4, page 659, n°. 45 ; Lange, page 626 ; le parfait Procureur, page 623 ; Leprestre, cent. 2, page 66 ; Papon, liv. 12, tit. 8, n°. 18 ; le Journ. des Audiences, liv. 8, page 596 ; Brodeau sur Louet, lett. P, som. 16, n°. 3. Voy. le Traité des Rôles par Joly, page 293, tome 1, des Offices, & page 292, qui dit qu'il faut continuer où on a fini. Voy. dans le même tome de Joly, page 362; Une Ordonnance de Louis XI, qui veut que les causes non appellées, soient les premieres mises au nouveau rôle; mais malgré cela, je tiens qu'une cause mise au rôle, n'étant pas appellée, & le rôle changeant, elle se périme si on ne l'y fait remettre; c'est une diligence du fait du Plaideur; or, si il néglige cette ressource trois ans de suite, comment le dispensera-t-on de la péremption? V. les Arrêtés de M. de Lamoignon, part. 2, page 223, art. 3, où il dit que les causes, même mises au rôle, se périment.

L'art. 91 de l'Ordonnance de 1629, ne suspend le cours de la péremption à l'égard des causes mises au rôle, que tant qu'il dure; & dès qu'on cesse de l'appeller, la péremption commence, si les Parties ne portent les qualités de la cause au Président, pour être remise au rôle. Fut M. le Conseiller de Rougemont ayant pris Requête civile en 1688, contre un Arrêt de 1669, qu'on avoit négligé de lui faire signifier, il mit la cause au rôle de la Saint-Martin 1694. M. de Montferrant, sa Partie, lui ayant fait signifier des Lettres d'Etat, on ne la put plaider; le rôle finit en Carême 1694, & cette Cause ne fut pas

mise

mise au rôle suivant : la Cour, par Arrêt de la Grand'Chambre du 7 Mars 1719, la déclara périmée avec dépens, sur les plaidoieries de Davot & Bannelier ; Sigault ayant conclu pour MM. les Gens du Roi.

QUEST. LXXI.

Sentence en reprise étant perie, n'emporte la péremption de l'instance qu'on veut reprendre, s'il n'y a point de jugement qui ait prononcé la reprise.

Lange, page 484, décide que si l'assignation en reprise se périme, l'affaire qu'on vouloit reprendre se périmeroit aussi : mais je ne crois pas cela véritable. Ma raison est que l'instance qu'on veut reprendre, est naturellement hors d'état de se périmer, puisqu'elle est interrompue par le décès de l'une des Parties ; or, tant qu'elle n'est pas reprise, elle ne peut tomber en péremption, n'étant pas régulier de dire, comme Lange l'avance, que l'assignation pour reprendre, soit une reprise, car les assignés pourroient avoir des moyens pour ne pas reprendre ; il faut donc un Jugement qui déclare que le procès est repris, & alors seulement, il redevient sujet à la péremption.

D'ailleurs, l'instance mue pour reprendre, n'est pas la même que celle à la reprise de laquelle on conclut, les objets en sont bien differens : d'où il suit que la péremption d'une demande intentée, pour faire reprendre, peut périr ſans entraîner avec elle dans ſon anéantiſſement, celui du procès qu'on avoit deſſein de reprendre.

QUEST. LXXII. Un Demandeur peut oppoſer la péremption de ſon inſtance, pour n'en pas payer les frais.

Un Demandeur ayant diſcontinué ſes pourſuites pendant plus de trois ans, le Défendeur venant après à le pourſuivre ſur le fond qu'il croit bon pour lui, & ne ſe prévalant pas de la péremption; on a diſputé le point de ſavoir, ſi le Demandeur pourra lui-même oppoſer la péremption de ſa propre inſtance, pour n'en pas payer les frais à ſa Partie; & il faut croire qu'oui, car le Défendeur eſt dans la même négligence que lui, ainſi la Cauſe ſe périme pour tous les deux : on trouvera cette doctrine établie par M. Lepreſtre, cent. 2, chap. 66, & par Henrys, en ſon Traité des Officialités, page 32.

Je l'ai même vu juger ainſi au Parlement de Dijon à l'audience de relevée, le 4 Mars 1689, ſur les plaidoieries des Avocats Gillet & Maugras, entre Reine Bertaut & François Vétu.

QUES. LXXIV. L'incident joint au principal mis en état, ne peut pas plus périr que

Une Cauſe étant appointée & miſe en état au Parlement, il ſurvient un incident qu'on joint; là-deſſus, on demande ſi l'incident venant à se périmer, le principal sera périmé? Brodeau agite cette question sur M. Louet, lett. P, som. 16, n°. 4; mais avant que de raisonner sur cela, il faut fixer l'hypothese.

le principal, mais si l'incident n'est pas mis en état, il périt s'il est séparable du principal, *secùs* s'il n'en est pas séparable.

1°. Si l'incident, après avoir été joint, a été mis en état à la Cour, il n'y a pu avoir de péremption, ni du principal, ni de l'incident.

Mais s'il n'a pas été mis en état, cela fait plus de difficulté. S'il étoit disjoint, ou s'il n'avoit pas été joint au fond, mis en état, l'incident pourroit se périmer, & il me semble qu'alors la péremption d'un incident détaché n'influeroit pas sur le procès principal.

Que s'il est joint, il faut voir si la jonction est d'une telle maniere, & l'incident d'une telle espece qu'il fasse une partie inséparable du principal, ou si au contraire il peut s'en séparer. Au premier cas, je ne crois pas qu'il se puisse périmer, & qu'étant inséparablement connexe avec le fond, lequel ne peut se périmer, il y a de l'impossibilité que l'incident se périme.

Ce sera, par exemple, un homme, qui au fond dispute une donation qu'il a faite; il met son procès en état à la Cour, après quoi sa Partie lui oppose une Ordonnance de la Chancellerie, qui porte condamnation contre les Parties de l'exécuter, lorsqu'elle fut insinuée; or, le donateur qui appelle incidemment de cette Ordonnance, forme un incident là-dessus, & fait joindre son appel, qui, par sa grande connexité avec le principal, peut être regardé comme le principal même.

Je suppose qu'il n'ait pas produit sur cet incident, comment fera-t-on pour le périmer? car ce seroit déclarer le fond périmé; or, nous le supposons mis en état.

Mais si l'incident est une demande incidente, par exemple, de quelques frais frustrés, ou d'autre chose qui n'ait rien de commun avec le principal, en ce cas la jonction n'est rien, parce que la péremption disjoint, & alors elle ne porte pas sur le fond qui est bien aisément séparable de l'incident. Les autorités qui influent à prouver ceci, sont dans le quatrieme tome du Journal des Audiences, liv. 8, ch. 39, & dans Lange, page 487.

QUES. LXXIII.

Et le Défendeur l'opposant au Demandeur, ne peut demander les frais qu'il a faits.

Mais supposons que le Demandeur ait laissé périr sa propre instance, & que le Défendeur, en opposant la péremption, veuille avoir les dépens par lui faits dans l'instance périmée, y sera-t-il bien fondé?

Il faut croire, en ce cas, que toute l'inſtance étant anéantie reſpectivement, on ne ſe peut rien demander de part ni d'autre, des frais faits dans un procès périmé. V. Vrevin, chap. 19 & 20; Filleau, part. 4, chap. 139; Chenu, cent. 2, queſt. 35; Lepreſtre, cent. 4, chap. 56; l'art. 4 des Arrêtés de M. de Lamoignon; Henrys, p. 31; Auzanet, page 68.

QUEST. LXXV.

La moindre procédure utile interrompt la péremption.

Ce qui fait la péremption, c'eſt une abſolue ceſſation de pourſuites; je dis abſolue, car la moindre diligence, & la plus petite procédure interrompt; Vrevin, chap. 35; Lepreſtre, cent. 2, chap. 66; Mornac, ad Leg. *Properandum*, Cod. *de Jud.* Theveneau, page 387, art. 25 des Arrêtés de M. de Lamoignon; Lange, page 489.

Quoique je vienne de dire que la plus petite procédure a une vertu interruptive de la péremption, cependant il faut que l'acte auquel on veut attacher cet effet, ſoit de quelqu'utilité dans la cauſe. En effet, une procédure abſolument ſuperflue & fruſtratoire n'empêcheroit pas cette preſcription; car après tout, ce n'eſt pas continuer ſes pourſuites, que de faire, dans un procès, un acte qui ne meneroit à rien.

Cependant M. de Lamoignon, dans l'art. 25 de ses Arrêtés, dit qu'une simple signification, quoique surabondante & inutile, auroit la force d'interrompre; Theveneau, sur l'art. 15 dont je recherche le sens, dit la même chose en la page 387, mais cette opinion ne paroît pas bien équitable, & même elle est un peu singuliere; car nous lisons le contraire page 489, dans Bouchel, verbo *Péremption*, & dans Vrevin, chap. 35 & 43.

QUES. LXXVI. Les actes probatoires subsistent, pourvu que l'action principale ne soit pas prescrite.

L'attention des Jurisconsultes françois ayant toujours été grande pour conserver les preuves, la Jurisprudence françoise introduit un tempérament dans la péremption, qui est, qu'encore qu'elle anéantisse l'instance, elle n'anéantit pas néanmoins les actes probatoires; de maniere que s'il reste une action, celui qui la recommence peut y employer une enquête qu'il auroit fait faire dans une instance périmée, ou les réponses sur faits & articles de son adversaire, ou les aveux qui résulteroient de ses Ecrits.

Il faut pourtant prendre garde que cela n'est vrai qu'en cas que la Partie soit encore dans le temps de recommencer une nouvelle instance; car ces preuves conſervées ne lui donnent pas un nouveau droit, elles vont ſeulement au ſecours de l'action, au cas qu'elle ne ſoit pas preſcrite.

Les preuves de tout ceci ſont dans Vrevin, chap. 17; Bourdin, ſur l'art. 120 de l'Ordonnance de 1539; dans Louet, lett. P, ſom. 38; dans Lepreſtre, cent 1, chap. 56; dans le Traité 15 de Valla, *de Reb. dub.* dans Bouvot, tom. 1, verbo *Péremption;* dans Mornac, ſur la Loi *Properandum;* dans Bodereau, page 616; dans Chorier, page 308; dans Auzanet, page 69; dans Lange, page 491; dans Grimaudet, page 216, & dans Catelan, p. 489 & 490 du ſecond tome; enfin, dans l'art. 9 des Arrêtés de M. de Lamoignon.

QUES. LXXVII.

La peremption s'acquiert de plein droit par le laps de trois ans, mais il faut la faire declarer.

La péremption s'acquiert par le ſeul laps de temps, c'eſt-à-dire, par une diſcontinuation de trois années; mais comme il pourroit y avoir eu quelques-uns des obſtacles dont j'ai traité ci-deſſus, leſquels auroient empêché le procès de ſe périmer, il faut toujours une Sentence qui prononce la péremption; c'eſt l'avis de Vrevin, chap. 39, & de Grimaudet, page 213. Voyez pourtant Louet, lett. P, ſom. 21, & Lange, page 491, avec Chorier, page 32.

Voy. ſur-tout l'art. 5 du tit. 27 de l'Ordonnance 1667. Il ſuppoſe qu'il faut une Sentence déclarative, que l'appel eſt périmé. Cependant le Réglement fait au Parlement de Paris, le 28 Mars 1692, dit que les inſtances diſcontinuées pendant trois ans, ſont périmées de plein droit, & cela eſt véritable, mais dès qu'une Partie nie être dans le cas, il faut bien un Jugement qui déclare que la péremption eſt acquiſe; la Sentence ne la produit pas, elle dit ſeulement que la diſcontinuation l'a produite, & que dans une telle hypotheſe, il n'eſt rien arrivé qui l'ait empêché.

Au reſte, il faut trois ans continus pour former la péremption : Peleus a eu tort d'avancer le contraire en ſa queſt. 14, & & Lange l'a bien repris de cette faute, fol. 481 de ſon Praticien; on compte même le dernier jour de la ceſſation dans le terme.

Il y a dans Hévin, page 28, ſur la fin du premier tom. des Plaidoyers de Frain, une choſe fort ſinguliere, qui eſt que le décès d'une Partie ne vaut que comme une procédure qui interrompt ſeulement pour trois années; mais il faut tenir pour certain que cet événement tient l'inſtance ſuſpendue tant que l'action n'eſt pas preſcrite; la raiſon eſt que la mort conſerve l'inſtance, & l'inſtance conſerve l'action.

Je finis par un point de procédure, qui consiste à examiner comment il se faut pourvoir pour faire déclarer une instance périmée; car si elle l'est, les présentations des Procureurs le sont aussi, de maniere qu'il paroît irrégulier de s'adresser à eux, dont le pouvoir s'est évanoui.

QUESTION LXXVIII. Pour faire déclarer la péremption par voie d'action, il faut faire assigner la Partie à personne ou domicile, & non à son Procureur.

Lange dit que l'assignation aux Procureurs à ces fins, est bonne; cependant, si l'affaire se trouve périmée, on auroit mal procédé avec le Procureur, je crois donc que quand on veut faire déclarer une péremption par voie d'action, c'est-à-dire, quand on intente un procès pour cela, il faut proposer cette demande par assignation à personne ou domicile, ou que du moins ce seroit la voie la plus sûre.

Car le Demandeur, qui dit que l'instance est périmée, & qui forme sa demande à ces fins, n'agit pas conséquemment de s'adresser au Procureur de son Adversaire, car il doit regarder sa constitution périmée, dès qu'il soutient qu'il y a péremption de tout le procès.

Mais, si un Demandeur, ayant intenté un procès qu'il a laissé trois ans sans poursuites, le veut reprendre, & qu'à cet effet il s'adresse au Procureur du Défendeur, regardant l'instance & la continuation comme subsistantes, celui-ci venant à proposer pour défenses qu'il y a péremption, je crois qu'il ne faut pas assigner pour cela.

QUEST. LXXIX. Le Jugement qui déclare la péremption acquise, est définitif.

Vrevin, chap. 15, demande si le Jugement qui déclare une instance périmée, est définitif ou interlocutoire? Je le crois définitif de la péremption; mais je ne puis comprendre où est l'utilité de le définir, car cela me paroît ne mener à rien, & je ne vois dans cette question aucun objet d'utilité.

QUEST. LXXX. Une instance périe ne peut produire des intérêts moratoires, ni interrompre la prescription de cinq ans pour les arrérages de rente; mais nonobstant la péremption on peut en action réelle, lorsqu'on recommencera l'instance, demander les fruits perçus pendant le cours de l'instance périe.

Il me paroît plus utile d'examiner une autre difficulté, qui consiste à savoir, si dans une instance intentée pour avoir une somme avec intérêts, ou une désistance avec restitution des fruits, la demande ayant été périmée, & l'action reprise ensuite, le Demandeur venant à obtenir ses fins au fond, pourra avoir les levées ou arrérages échus depuis sa premiere demande jusqu'à la seconde, ou s'il perdra les accessoires de tout cet intervalle.

Je crois qu'il devroit les perdre, car l'Ordonnance de Roussillon met les poursuites périmées au nombre de celles qui n'ont pas été faites; & d'ailleurs, si on donnoit ces fruits & revenus, il s'ensuivroit donc que l'inſtance tombée en péremption auroit produit quelqu'effet, comme de mettre le Défendeur en retard, ou d'interrompre la preſcription quant à ce.

Les Auteurs qui ont parlé de ceci, ſont Vrevin, chap. 41 & 42; Filleau, part. 4, queſt. 90; Lange, page 492; Theveneau, page 389; Bodereau, page 617, & Brillon, tom. 2, page 271, nº. 226.

Je ne fais pas difficulté de ceci ſur les intérêts moratoires, c'eſt-à-dire, ſur ceux qui ne ſont dus qu'en vertu de la demande, car la premiere qu'on a faite étant périmée, elle ne peut ſervir de fondement pour avoir mis le débiteur en retard, ni même pour interrompre un *quinquennium*, s'il s'agiſſoit d'intérêts de rente conſtituée.

Mais s'il s'agiſſoit des arrérages d'une rente fonciere, ou de fruits, & que quand on commence la premiere inſtance, il en fût dû dix années, par exemple, que cette inſtance étant périmée, on la recommence dans un temps qu'il en ſera dû vingt, pourquoi le Demandeur n'en aura-t-il pas vingt années malgré la péremption? car il n'y a pas beſoin d'actes interruptifs pour demander juſqu'à vingt-neuf années de ces ſortes d'acceſſoires; il me ſemble que dans ce cas l'inſtance périmée ne lui doit pas nuire, & que tous ce que fait la péremption, c'eſt que les pourſuites périmées ne ſauroient ſervir dans le cas où les Demandeurs en auroient beſoin pour interrompre quelque preſcription.

*Fin du Traité des Péremptions.*

# TITRE
## DE LA PÉREMPTION D'INSTANCE.

### I.

JUGÉ par Arrêt du 26 Février 1699, inséré au Recueil de Changenet, Arrêt 411, & dans Raviot sur Perrier, tom. 2, p. 767, où il est mal daté de 1696; dans le Traité des Péremptions de M^e. Melenet, ci-dessus, quest. 66, & ci-après n. 10. Les Parties avoient produit, mais l'Arrêt de conclusions n'avoit pas été signifié, ni l'amende consignée.

Elle a lieu à la Cour quand le procès n'est pas mis en état de jugement aux procès appointés.

ADDIT. [V. Boné, Plaid. part. 2, page 239; Theveneau, sur les Ordonnances, liv. 2, tit. 24, art. 2. *Rec. de Droit de M. le Président Bouhier, au mot* PÉREMPTION.]

Procès conclus & appointés en droit au Parlement, si se périment?

*V. ci-après nombre X. & addit. 14.*

### II.

Les Jésuites de Langres avoient obtenu

Si, après la péremption acquise,

on ait des pourſuites volontaires, on eſt cenſé avoir renoncé à lad. péremption?

au Bailliage de Dijon une Sentence contre les Habitans du Fay-Billot, qui en avoient appellé, mais avoient depuis laiſſé l'affaire ſans pourſuite pendant plus de trois ans. Les Jéſuites, au lieu de s'en prévaloir pour la péremption qui étoit acquiſe, firent rendre Arrêt ſur le fond, par défaut contre ces Habitans, leſquels y ayant formé oppoſition, les Jéſuites voulurent revenir à la péremption; mais on ſoutint qu'ils y étoient non-recevables, & qu'ils s'en étoient volontairement départis par les pourſuites volontaires qu'ils avoient faites. En effet, la Cour le jugea ainſi par Arrêt donné en la Chambre des Enquêtes où je préſidois, le 12 Août 1723, au rapport de M. Fijan.

Addit. [ Jugé le Lundi 12 Mars 1708, à l'Audience publique, que des lettres par leſquelles l'Intimé avoit invité pluſieurs fois l'Appellant de venir s'accommoder ſur leur différent, n'étoient pas ſuffiſantes pour interrompre la preſcription. Plaidant Barbuot l'aîné, pour le Demandeur en péremption, & Ligier pour le Défendeur. L'Appellant n'avoit rien répondu à ces invitations, au moins il n'en paroiſſoit rien, & on ne prouvoit point de dol de la part de l'Intimé, pour avoir empêché les pourſuites. *Sur une copie manuſcrite des Recueils de M. Baſin*,

*Conseiller, que j'ai vue entre les mains de Me. Simon Jacquinot, Avocat à la Cour.*]

*Nota.* M. le Président Bouhier, en ses Recueils de Droit, au mot *Péremption*, indique M. de Montholon, Arrêt 44, p. 92; & la Thaumassiere, Décis. sur la Coutume de Berry, liv. 3, chap. 55.

*V. ci-après nomb. XIX.*

III.

Péremption, si court contre la femme en puissance de mari?

Jugé qu'oui, & même sans espérance de restitution, par Arrêt du 5 Décembre 1619, rapporté par Sullot, tom. 2, fol. 76, & par de Pringle, tom. 1, fol. 44.

IV.

Si elle a lieu aux procès appointés aux Requêtes du Palais?

Voy. l'Arrêt du 11 Mars 1621, rapporté par Sullot, tome 2, fol. 184 v°.

Suite.

ADDIT. La question de savoir si la péremption doit avoir lieu aux Requêtes du Palais de ce Parlement, a fait autrefois beaucoup de difficulté, suivant qu'on peut le voir aux Remarques de Me. Julien Brodeau sur M. Louet, lett. P, som. 18, n. 2 & suiv. Mais enfin il a été décidé expressément, par Arrêt rendu en forme de Réglement, les Chambres assemblées le 6 Juillet 1624, publié en Audience le 11 du même mois, *qu'il y aura péremption d'instance aux procès qui seront intentés parde-*

*vant les Gens desdites Requêtes, tant auparavant la production que depuis.* Cet Arrêt est rapporté par ledit Brodeau, *loc. cit.* par Me. Jean Melenet, en son Traité des Péremptions, ci-dessus, quest. 17, *in fine*, & par Louvent Gelyot, Arrêt 481, p. 283. Il est rapporté encore par M. le Président Bouhier, en son ancien Recueil d'Arrêts, tit. 90, Arrêt 20. V. les Arrêts d'Albert, lett. P, pag. 276.

V.

Péremption de la désertion, si entraîne celle de l'appel ?

Lorsqu'un Appellant a été pris en désertion sur l'appel à la Cour, si la désertion est tombée en péremption, l'appellation est aussi périmée. Arrêt rendu dans l'espece suivante.

Le 1er. Février 1715, Bijon interjeta appel d'une Sentence rendue au Bailliage de Charoles, le 19 Décembre 1714, au profit d'Anne Rondat, lequel prit un mandement de désertion, en vertu duquel il fit assigner à la Cour, le 31 Mars de la même année, Bijon Appellant, pour voir déclarer son appel désert; le 13 Février 1719, Rondat se contenta de lever un défaut au Greffe de la Cour, sur cette assignation, sans en faire juger le profit. Le 15 Juin de la même année, le Procureur de Bijon se présenta au Greffe des Présentations; il n'y eut aucune poursuite de part ni d'autre, depuis

depuis ce temps, jusqu'au 20 Novembre 1721, que Rondat, par une Requête, demanda que l'instance de désertion & l'appellation de Bijon fussent déclarées périmées, & la Sentence du Bailliage confirmée. Cette demande portée à l'Audience d'instruction de la Grand'Chambre, intervint Arrêt à mettre sur le Bureau, & depuis Arrêt, au rapport de M. Mairetet de Minot, le 10 Juin 1723, par lequel l'instance de désertion & l'appellation furent déclarées périmées, en conséquence ordonné que la Sentence du Bailliage de Charolois sortiroit son plein & entier effet, Bijon condamné en tous les dépens faits à la Cour & en ceux de l'amende.

L'Arrêt fondé sur l'autorité de Brodeau, sur M. Louet, *lett. P, som. 14, n. 11, &* Mornac, D. *de Minoribus 25 annis, Leg. 7,* §. *ult.* (tom. 1, col. 313) *notabiturque obiter quamvis contracti ere-modicii nomine citatus appellator fuerit, non tamen sisti ex eo cœpti triennii decursum, quin pereunte ere-modicii instantiâ, perempta etiam simul dicatur appellatio. Propriè enim anticipatus dicitur, qui ex causâ desertæ provocationis citatus est; ità ut unum & idem complectantur diversa nomina, quod & ità in forensibus consultationum ex ædis judicari solitus est.* Communiqué par M. Fleutelot le fils, Conseiller au Parlement.

*Nota.* Cet Arrêt eſt rapporté par M. Fleutelot de Beneuvre, en ſes Recueils manuſcrits, part. 2, queſt. *de Pratiq. civ.* verb. *Pérempt.* art. 1.

*V. abſolument ci-après l'addit. 17.*

## V I.

Péremption, ſi a lieu aux cauſes du rôle.

Entre les ſieurs de Montferrand, Demandeurs en péremption d'inſtance de Requête civile, & le ſieur de Rougemont, Défendeur, il fut jugé que le ſieur de Rougemont, qui, en 1688, avoit pris une Requête civile contre un Arrêt de la Cour, & qui l'avoit fait mettre au rôle de 1674, n'ayant fait aucune pourſuite juſqu'en 1718, ſon inſtance étoit périmée: l'Arrêt eſt du 8 Mars 1719, communiqué par le même.

*Nota.* Il eſt rapporté en ſes Recueils manuſcrits, part. 2, queſt. *de Pratiq. civ.* verb. *Péremption*, art. 2, par M^e^. Jean Melenet, Traité des Péremptions, queſt. 70; & il a été inſéré au regiſtre des Délibérations de la Grand'Chambre, du 7 Mars 1719, en ces termes: « jugé qu'une » cauſe miſe au rôle eſt ſujette à pé» remption, dès le jour que le rôle » ceſſe. » M. le Préſident Bouhier, en ſes Recueils de Droit, au mot *Péremption*, indique Chopin, *de Doman.* liv. 3, tit. 29, n. 36, le Journal des Audiences, tome 6, part. 2, p. 124.

## VII.

Le 11 Décembre 1724, il fut jugé qu'une instance appointée à mettre à la Cour, étoit sujette à péremption.

*Quid* en causes mises sur le bureau.

Le fait étoit que J. B. de Chintré & Jeanne Fricaud avoient obtenu Sentence aux Requêtes du Palais, au moins de Juin 1706, contre Jean Derepas, & Odin Barbier. Appel de cette Sentence par Derepas & Barbier; la cause ayant été mise au rôle public & plaidée, il y eut Arrêt le 31 Mars 1707, qui ordonna que les Parties mettroient leurs pieces sur le bureau. L'Arrêt fut levé & signifié, & plusieurs Placets présentés, sur le dernier desquels, étant du mois d'Août 1710, M. le Conseiller David fut député Commissaire. Depuis 1710 jusqu'au 31 Décembre 1723, nulles poursuites; alors Requête des Intimés à la Cour, par laquelle ils demandent que l'appellation soit déclarée périmée. Sur la Requête, les Parties étant venues à l'Audience de relevée de la Grand'Chambre, du 11 Décembre 1724, il y eut Arrêt contradictoire, qui déclara l'instance périmée, & condamna l'Appellant aux dépens. Le motif de l'Arrêt fut que, quoiqu'il y eût plusieurs Placets présentés, néanmoins il restoit encore quelque diligence à faire, parce que les Chambres tournant, il falloit faire nommer un nouveau Commissaire. Communiqué par le même. Cet Arrêt a été inséré sur le registre des Délibérations de la Grand'Chambre dudit jour.

Il y en avoit eu un Réglement précédent, fait à la Grand'Chambre, le 8 Mai 1900, & inséré sur le registre des Délibérations de ladite Chambre.

*V. mon ancien Recueil*, *tit.* 90, *Arrêt* 86.

*Nota.* L'Arrêt du 8 Mai 1700 est rapporté ci-après, addit. 3; & l'Arrêt du 11 Décembre 1724 est aussi dans les mêmes termes que ci-dessus, aux Recueils manuscrits de M. Fleutelot de Beneuvre, part. 2, quest. *de Prat. civ.* verb. *Péremption*, art. 3.

## VIII.

Péremption, si a lieu au procès criminel.

Par Arrêt rendu le 9 Août 1728, au rapport de M. le Conseiller Lantin, au procès petit criminel, d'entre Pierre Bas, Laboureur à Crusilles, Accusé & Appellant de Sentence définitive rendue par le Juge du Comté de Pont-de-Veyle, le 26 Juillet 1724, par laquelle il a été condamné, pour raison des voies de fait & mauvais traitemens par lui commis en la personne de l'Intimé, en 100 liv. de dommages & intérêts, 20 liv. d'amende, 10 liv. d'aumônes & aux dépens, & ledit Bas, Demandeur incidemment par Requête du 26 Juillet

1728, à ce que l'inſtance ſur laquelle la ſuſdite Sentence eſt intervenue, fût déclarée périmée, faute de pourſuites pendant trois années avant ladite Sentence, d'une part.

Benoît Lapierre, Laboureur à Illiat, Inſtigant & Intimé, d'autre part.

La Cour, ſans s'arrêter à la péremption oppoſée par ledit Bas, ni aux concluſions de ſa Requête incidente, dont elle l'a débouté, a mis & met l'appellation au néant, ordonne que ce dont eſt appel ſortira ſon plein & entier effet, condamne ledit Appellant à l'amende de 12 liv. & aux dépens de la cauſe d'appel.

Cette déciſion eſt fondée ſur ce que la péremption ne peut être admiſe en matiere criminelle, ſi ce n'eſt tout au plus dans le cas qu'elle approche du temps néceſſaire pour acquérir la péremption du crime, ou de l'accuſation.

Le procès avoit été inſtruit par récolement & confrontation, commencé le 28 Décembre 1718, & fini par les concluſions définitives du Procureur Fiſcal, le 25 Mai 1719, depuis lequel jour il eſt reſté ſans pourſuites juſqu'à la Sentence dont eſt appel, dudit jour 26 Juillet 1724.

L'Appellant n'avoit pas poſé la péremption en cauſe principale, & n'en a formé la demande qu'à la Cour. Cet Arrêt, qui m'a été communiqué par M. le Rapporteur, a été rendu en la Chambre des Enquêtes. Quoique le procès fût devenu du petit criminel depuis la Sentence, il ne l'étoit pas dans l'origine & au temps qu'on prétendoit la péremption acquise.

*Nota.* Cet Arrêt est rapporté aux Recueils manuscrits de M. Fleutelot, Doyen de la Cour, part. 5, verb. *Péremption.*

Suite.

ADDIT. [ Par Arrêt de 1638, rapporté par Rigolet, page 421, a été jugé que la péremption d'instance n'avoit pas lieu en matieres criminelles. *Ancien Rec. d'Arr. de M. le Président Bouhier, tit. 90, Arr. 79.* ]

*V. le Traité des Péremptions de M^e. Jean Melenet, ci-dessus, quest. 25. M. le Président Bouhier, en ses Recueils de Droit, au mot* Péremption, *sur la question de savoir si la péremtion a lieu aux instances criminelles, indique Lefevre des Péremptions, fol. 79. Vrevin, Cod. tit. chap. 8. Chopin.* in Conf. Andegav. *part. 1, pag. 608. Brillon, tom. 5, pag. 157, nomb. XXXII.*

## IX.

Péremption a lieu tant aux instances, qu'ès causes d'appel.

Le 23 Décembre 1726, les Avocats de la Cour ont octroyé un certificat d'usage, portant que l'art. 15 de l'Ordonnance de Roussillon, concernant les péremptions, est suivi en Bourgogne, tant aux instances que causes d'appel : & que la péremption d'appel emporte confirmation de la Sentence en telle ſorte que l'Appellant n'eſt plus recevable à interjeter appel de nouveau de la même Sentence. Extrait de leurs regiſtres.

Et en péremption d'apel, on ne peut plus appeller de nouveau.

*Nota.* Me. François Bridon a écrit ce certificat ſur le regiſtre des Avocats, étant alors leur Secrétaire; cependant il n'en a fait aucune mention en ſes Remarques ſur le Traité des Péremptions de Me. Melenet, qu'il a fait imprimer en 1750. Ce certificat auroit dû y être rapporté ſous la queſt. 60. M. le Préſident Bouhier, en ſes Recueils de Droit manuſcrit, au mot *Péremption*, indique ſur la péremption d'appel, les addit. au Plaid. d'Airaut, pag. 329. M. Louet, lett. P, ſom. 15.

ADDIT. [Sur la queſtion, ſi la péremption d'appel emporte celle de l'inſtance principale, voyez un Arrêt du ... Avril 1645, rapporté par Rigolet, pag. 426. *Ancien Rec. d'Arrêts de M. le Préſident Bouhier, tit. 90, Arr. 81.*]

Péremption d'appel, ſi emporte celle de la cauſe principale.

## X.

Par Arrêt de Réglement donné, les Chambres aſſemblées, le 6 Juillet 1624, il fut dit qu'aux procès pendans à la Cour, & qui s'inſtruiront pardevant les Commiſſaires d'icelle, il y auroit péremption d'inſtance juſqu'au jour de la production d'iceux

Péremption; ſi a lieu aux procès appointés & conclus à la Cour.

seulement. Il est au registre des Délibérations de la Grand'Chambre.

Cela paroît fondé sur une Ordonnance d'Henri III, de l'an 1585, rapportée par Theveneau, sur les Ordonnances, *liv.* 2, *tit.* 24, *art.* 2, qui porte, *que les procès par écrit, conclus & reçus pour juger en nos Cours souveraines, ne seront sujets à aucune péremption.*

Mais quand on remonte à la source, on trouve que cette Ordonnance est tirée du Code Henri, liv. 6, tit. 24, art. 2, où Charondas remarque que cet article est pris non des Ordonnances, mais des Arrêts du Parlement de Paris; d'ailleurs, on sait que toutes ces Ordonnances, qui n'ont point de date que celle de 1585, sans marque du jour, ou du mois, ne sont que des projets qu'avoit dressé le Président Brisson, dans le dessein de les faire approuver par le Roi: ce qui n'a pas été fait; & au contraire, l'art. 91 de l'Ordonnance de 1629, vérifié à la Cour, sans modifications pour ce regard, ordonne que la péremption aura lieu aux Parlemens.

Disposition de l'Ordonnance de 1629 sur ce point.

Aux Arrêtés de M. de Lamoignon, *tit. de la Péremption*, art. 3, il étoit dit qu'elle avoit lieu, même dans les Cours souveraines & dans les procès par écrit qui auroient été conclus, & que la cessation des trois ans feroit comptée du jour de la derniere procédure.

Mais, par l'Arrêt de Réglement du Parlement de Paris, du 28 Mars 1693, inféré au Journal des Audiences, *tome 5, liv. 8, ch. 7, p. 599*, il fut dit *qu'à la Cour les appellations conclues ou appointées au Conseil, ne seroient point sujettes à péremption*, conformément aux Arrêts rapportés par M. Louet, lett. P, fom. 16.

Quoique notre Réglement du 6 Juillet 1624, foit conforme à cela, & qu'il y ait eu quelques Arrêts conformes, entre autres deux, l'un du 16 Mai 1685, & l'autre du 16 Juillet 1688, rapportés par Me. Nicolas Perier, en fon Recueil manufcrit, tit. des Péremptions, page *mihi* 1533, il eft fûr qu'il y a eu quelques Arrêts contraires, entr'autres un du 9 Février 1693, rapporté par ledit Perier, *ibid.* p. 1534, mais dont il ne rapporte pas l'efpece. En voici de plus pofitifs (1).

*Quid* fi l'Arrêt de conclufion n'a pas été fignifié, ni l'amende configné.

Le 26 Février 1699, fut jugé par Arrêt rapporté ci-deffus, n. 1, que la péremption avoit lieu dans un procès conclu à la Cour, & où les Parties avoient produit, parce que l'Arrêt de conclufions n'avoit pas été

(1) Les Arrêts des 16 Mai 1685 & 16 Juillet 1688, font rapportés au Traité des Péremptions de Me. Jean Melenet, queft. 15.

ſignifié, ni l'amende conſignée. Pareil Arrêt rendu le... Mars 1736, au rapport de M. de Lantenay, de qui je le tiens, pour Edme Chavigny, contre François Berthelot, parce qu'encore qu'on eût produit, on n'avoit point conclu au procès.

Ou même s'il n'y a pas eu d'Arrêt de concluſions.

Cependant le contraire fut jugé aux Enquêtes le 10 Juillet 1724, enſuite d'un Appointement à mettre pieces ſur le Bureau, au rapport de M. de Laloge de Broindon, en faveur de Claude Bertaud, contre les nommés Paperin, leſquels furent déboutés de la péremption, quoique dans ce procès appointé à la Cour, il n'y eût point d'Arrêt de concluſions. Cela paroît contre l'Ordonnance de 1667, tit. XI, art. 19 (1).

*Quid* ſi, après la mort du Rapporteur, on a été trois ans ſans en faire nommer un autre.

Par un autre Arrêt d'Audience publique, du 2 Janvier 1727, il fut jugé entre Marie-Anne de Saint-Amour, contre Anne-Claude-François de Joly, Baron de Langes, qu'un procès par écrit, quoique con-

(1) Me. J. Fr. Bridon, en ſes Remarques ſur le Traité des Péremptions de Me. Jean Melenet, imprimées en 1750, §. 40, p. 129, & §. 41, p. 151, rapporte un Arrêt du 4 Août 1731, qu'il dit avoir été rendu à l'Audience d'inſtruction, entre Anne Roſette & Jean Bricard, par lequel il auroit été jugé qu'un Appointement de concluſions, pris au Greffe de la Cour, expédié, & qui n'avoit pas été ſignifié, avoit empêché la péremption. Je crois qu'on peut dire de cet Arrêt, comme Me. Melenet a dit de celui du 2 Août 1710, qu'il rapporte ci-deſſus, queſt 62 de ſon Traité des Péremp. *qu'il échappa* à l'Audience d'inſtruction.

clu, distribué & mis en état d'être jugé, ne laissoit pas d'être sujet à péremption, si, après la mort du Rapporteur, on avoit laissé passer trois ans sans en faire nommer un autre. J'ai cet Arrêt imprimé, & il a été inséré par Raviot, à la suite des Arrêts de Perier, tome 2, page 767, où il est imprimé tout au long, quest. 345, n. 44 & 45 (1).

*Quid* s'il a été nommé, & qu'on ne lui ait pas fait porter les pieces du procès.

Voici encore une autre difficulté qui s'est présentée en cette espece. Les sieurs Perachon, Sieurs de Treffort & de Varambon, avoient un procès à la Cour, contre Charles-Emmanuel Dandelin, au rapport de M. le Conseiller de Clugny l'aîné, qui étoit en état d'être jugé lorsque ledit S^r^. de Clugny se démit de sa Charge. En conséquence le sieur Dandelin avoit fait subroger M. de la Mare pour Rapporteur, le 19 Janvier 1719, deux ans deux mois & demi après la réception de M. de Clugny fils en la Charge de M. son pere. Malgré cela, on lui soutint que son appel étoit périmé par deux moyens. 1°. Parce qu'il n'avoit point fait porter ses pieces à M.

---

(1) Cet Arrêt est rapporté par l'Annotateur du Traité des Péremptions, édit. de 1750, §. 38, page 94, remarque 1. Voyez *ibid.* les remarques qui suivent. Il est encore rapporté par M. Fleutelot de Beneuvre, en ses Recueils manuscrits, part. 2, quest. *de Pratiq. civile*, verb. *Péremption*, art. 4.

de Clugny, premier Rapporteur, & payé pour ce au Garde-sacs son droit de 5 sols porté par l'art. 60 du Réglement de 1679, tit. des Greffiers. 2°. Parce qu'il n'avoit point produit ses griefs contre la Sentence dont étoit appel. Il répondoit que le port des pieces étoit à la charge du Commis à la garde des sacs, & non des Parties, sauf à lui à se faire payer de son droit; & à l'égard des griefs, que ce défaut n'empêchoit pas que le procès ne fût en état, la forclusion pour ce regard étant acquise de plein droit contre lui, suivant l'Ordonnance de 1667, tit. XI, art. 20. Voyez le Journal des Audiences, tome 5, page 596. En effet, la Cour le jugea ainsi par Arrêt donné à la Tournelle le 9 Février 1719, rapporté par Me. Melenet ci-dessus, en son Traité des Péremptions, quest. 45. J'ai vu les Factums des Parties entre les mains de M. le Conseiller Normand puîné (1).

*Et que l'Appellant n'ait fourni de griefs contre la Sentence.*

*Suite.*

Les mêmes questions se sont encore présentées à la Cour en cette hypothese. Il y avoit procès pendant à ladite Cour, au rapport de feu M. Espiard de Vernot, Doyen, entre Marie de Folie de Bellezé-

(1) J'ai vu aussi les Mémoires imprimés par les Parties, & un retenu de l'Arrêt de la main de M. aux Recueils de Me. Simon Jacquinot, Avocat, Professeur en l'Université.

pine; contre Françoise Décrot, Appellante d'une Sentence du Bailliage de Châlon, où les Parties avoient respectivement conclu & produit leurs pieces au Greffe. M. de Vernot étant mort en 1722, M. Bouhier, Conseiller-Clerc, lui avoit été subrogé par Placet, qui avoit été signifié. Ce second Rapporteur étant aussi mort en 1734, on prétendit que la péremption étoit acquise; 1°. parce que l'Appellante n'avoit point formé de griefs; 2°. parce qu'elle n'avoit pas fait porter les pieces au Commissaire; 3°. parce qu'elle n'avoit pas produit au Greffe le nouveau Placet sur lequel avoit été nommé le dernier Rapporteur. Sur cela la Cour, par Arrêt donné sur un Délibéré sur le registre, où j'étois, le 9 Août 1736, & prononcé aux Parties le 13 dudit mois, débouta ladite Anne de Folie de sa demande en péremption. Les raisons qui donnerent lieu à l'Arrêt, pour les deux premiers moyens, sont rapportés ci-dessus. A l'égard du troisieme, il auroit paru plus considérable, mais, dans le fait, on crut qu'il étoit suffisamment prouvé que le Placet avoit été produit.

*Quid* si on n'a pas produit le Placet contenant nomination du Rapporteur.

*Nota.* Cet Arrêt est rapporté par Me. J. Fr. Bridon, en ses Remarques sur le Traité des Péremptions, édit. de 1750, §. 38, pag. 95, où l'on voit qu'il n'a pas été bien informé des noms des Parties, des motifs de l'Arrêt & de l'efpece dans laquelle il eft intervenu.

*V. ci-deffus nomb. I, & ci-après nomb. XVII, & addit. 6 & 14.*

## XI.

Caufes mifes au rôle, fi fe périment.

Mre. Jofeph de Grenaud, Sieur de Rougemont, avoit pris des Lettres de Requête civile contre un Arrêt rendu au profit des fieurs Charles-François & Pierre-Jofeph de Montferrand, & avoit fait mettre la caufe au rôle de l'Audience publique de la St. Martin 1694. Comme elle étoit fur le point d'être appellée, les fieurs de Montferrand firent fignifier des Lettres d'Etat, qui empêcherent la plaidoierie de la caufe. Depuis ce temps, il fe paffa plufieurs années fans que M. de Rougemont fît aucune pourfuite de cette affaire. Après fa mort, le fieur Jean-Pierre de Grenaud fon fils, ayant voulu reprendre les derniers errémens de l'inftance, les fieurs de Montferrand prétendirent qu'elle étoit périmée, faute d'avoir fait mettre la caufe dans les rôles fubféquens. Le fieur de Rougemont prétendit au contraire que la caufe ayant été une fois mife au rôle, elle n'étoit plus fujette à péremption, fuivant Brodeau fur M. Louet, *lett. P*, *fom. 16*, *n. 3*, furtout n'y ayant point eu d'Arrêt portant que la caufe feroit tirée du rôle. Il citoit aussi l'Auteur du *Parfait Procureur*, *page 623 ;* M. Leprestre, *cent. 2, chap. 66*, & son Scholiaste, *cent. 1, ch. 56 ;* Papon, en ses Arrêts, *liv. 12, tit. 3, n. 8 ;* Lange, *Pratic. franc. page 626 ;* Theveneau, *sur les Ordonn. liv. 2, tit. 24, art. 4 ;* la Déclaration du 24 Mars 1673 : néanmoins l'instance fut déclarée périmée par Arrêt donné à l'Audience du 7 Mars 1719, plaidant Davot & Bannelier. Voyez Melenet, *Traité des Péremptions, ci-dessus, quest. 70.* J'ai vu les Factums entre les mains de M. le Conseiller Normand puiné.

## XII.

Jugé qu'oui, par un Arrêt du 14 Août 1679, rapporté par Jacques Joly, Arrêt 603 ; ce qui me paroît assez extraordinaire.

Péremption, si doit être suppléée par le Juge en faveur d'un défaillant.

*V. sur cette question le Traité des Péremptions de Mᵉ. J. Melenet, ci-dessus, quest. 68.*

## XIII.

Jugé qu'oui, par Arrêt du 3 Juillet 1703, rapporté par Jean-François Joly, Arrêt 779.

Péremption, si court contre les Communautés laïques.

*V. le Traité des Péremptions de Mᵉ. Jean Melenet, ci-dessus, quest. 36, 47 & 48, où il rapporte cet Arrêt & quelques autres. La péremption s'oppose aussi aux mineurs, & quest. 47, & les Remarques de Mᵉ. Jean-François Bridon sur ce Traité, édit. de 1750, §. 84.*

*Quid* contre les mineurs.

*p. 83, où est un Arrêt du 11 Décembre 1728, & p. 171, le Mémoire fait à l'occasion de cet Arrêt, §. 41, p. 155; un Arrêt du 12 Mars 1708; l'ancien Recueil d'Arrêts de M. le Président Bouhier, tit. 90, Arr. 16. V. ci-après addit. 25.*

## XIV.

Péremption, si interrompue par une sommation faite à la Partie, & non à son Procureur.

Jugé qu'oui, par Arrêt du 9 Décembre 1712, rapporté par Jean-François Joly, Arrêt 805.

*Nota.* Cet Arrêt est conforme aux principes établis par Me. Melenet, Traité des Péremptions, ci-dessus, quest. 68.

## XV.

Péremption, si fait tomber la Sentence préparatoire donnée au procès.

Jugé que non, par Arrêt du 27 Septembre 1625, rapporté par Sullot, tom. 3, fol. 374.

Suite.

ADDIT. Un autre Arrêt du 7 Avril 1645 de relevée, a jugé qu'un Préparatoire en preuve n'est point sujet à la péremption; il est rapporté au registre des Délibérations secrettes de la Cour, en ces termes: « a été donné Audience à huis clos, & » jugé en icelle, entre Claude Segault, » contre Philibert Chopin & Nicolas Ro» bert, qu'un Préparatoire en preuve n'est » sujet à péremption. Bourelier & La» mare, Avocats. »

Il est rapporté par Me. Jean Melenet, en

en son Traité des Pérempt. ci-dessus, quest. 34. Il faut voir les autres Arrêts dont l'Auteur & son Annotateur Me. J. Fr. Bridon, font mention, pag. 71 de l'édit. de 1750, & suiv. voyez aussi *ibid.* pag. 156 ; un Arrêt du 26 Février 1735, rapporté par Me. Bridon, qui observe que, sous le nom de Jugemens préparatoires ou interlocutoires, qui sont exempts de la péremption, on ne comprend que les Jugemens qui affectent le fond ; car, si ce sont des Jugemens de pure instruction, ils se périment avec l'instance.

Préparatoire ne se périme point.

L'Arrêt du 7 Avril 1645 est encore rapporté par M. le Président Bouhier, en son ancien Recueil d'Arrêts, comme il suit. [ Par Arrêt donné le 7 Avril 1645, au profit de Claude Segault, Appellant de Sentence donnée au Bailliage de Nuits, au profit de Philibert Choppin & Nicolas Robert, par laquelle l'instance en laquelle il y avoit eu Préparatoire en preuve, avoit été déclarée périmée par le laps de dix ans écoulés depuis ledit Préparatoire, sans aucune poursuite. La Cour, réformant, dit que ledit Préparatoire seroit exécuté, dépens réservés. La raison est que l'Ordonnance de Roussillon n'assujettit à la péremption que les causes contestées seulement ; de sorte que s'il y a Jugement, sur la contestation, préparatoire ou définitif, ou provisionnel, plus de péremption. Par le Droit même, la contestation prorogeoit l'action jusqu'à trente ans; d'ailleurs, la péremption n'a été introduite que pour retrancher les longueurs de l'instruction : or, est-il que le Préparatoire n'est pas seulement instructoire, mais décisif, parce qu'il juge si les faits articulés sont pertinens ou non. De Lamare, pag. 982. *Ancien Recueil d'Arrêts de M. le Président Bouhier, tit. 90, art. 3.*]

Suite. [Le 21 Août 1719, Follereau, Marchand à Nevers, fit un marché avec le nommé Alli, Institeur du sieur de Dollerai, pour la livraison de trente milliers de fer. Le 18 Janvier 1720, le sieur Follereau fit un nouveau marché avec Alli pour cinquante milliers de fer, qui devoient être livrés dans le cours du mois de Juin de la même année ; Alli n'ayant point fourni les fers, le sieur Follereau fit assigner le sieur de Dollerai pour être condamné à exécuter le marché, ou aux dommages & intérêts résultans de l'inexécution. Le sieur de Dollerai forma, contre Follereau, des demandes en reconvention ; sur le tout intervint Sentence préparatoire du Lieutenant-Général d'Autun, tenant ses Assises le 17 Septembre 1720 ; cette Sentence demeura sans exécution ; l'une & l'autre des Parties ne firent aucun mouvement ; ce ne fut que le 4 Juillet 1726 que Follereau fit assigner le sieur de Dollerai pour l'exécution du marché du 18 Janvier 1720, & se pourvut à ce sujet par nouvelle action. Le sieur de Dollerai demanda d'être renvoyé de cette nouvelle instance, sur le fondement qu'il y en avoit eu une précédente. Sur ces contestations, seconde Sentence du Lieutenant au Bailliage d'Autun, qui ordonne que celle du 17 Septembre 1720 seroit exécutée. Appel par le sieur de Dollerai de l'une & l'autre. Son grief principal contre la seconde Sentence, étoit de dire qu'on avoit ordonné l'exécution d'une premiere Sentence, qui étoit périmée par la cessation des poursuites pendant six années. Mais, par Arrêt donné le 28 Avril 1731 à la Tournelle, au rapport de M. de Vornes, la Cour mit les appellations au néant; ainsi, il fut jugé qu'une Sentence préparatoire n'étoit point sujette à péremption, parce que l'art. 5 de l'Ordonnance de Roussillon n'y assujettit taxativement que les causes simplement contestées, & non celles où il y a un Jugement définitif ou provisionnel. Pareil Arrêt avoit déjà été donné en ce Parlement, le 7 Avril 1645. Il est rapporté par M^e^. de Lamare, dans son Recueil, verb. *Péremption.* Il y en avoit encore un semblable & plus récent, donné le 27 Février 1728, à l'Audience de relevée de la Grand'Chambre, sur les plaidoyers de

Grozelier & Rigolier. Il faut néanmoins que le Préparatoire ait trait au fond du procès, & qu'il ne ſoit pas de pure inſtruction; car, en ce cas, il feroit ſujet à péremption. Voy. M. Bourdin, ſur l'art. 120 de l'Ordonnance de 1539, & M. de Catelan, tom. 2, liv. 7, chap. 19. *Recueils manuſ. de M. Fleutelot de Beneuvre, tom. 2, part. 2, queſt. de Pratiq. civ. verb.* PÉREMPTION, *art. 5, pag. 92 mihi.*]

*V. liv. 34, tit. des Enquêtes, addit. 13.*

C'eſt une queſtion fort controverſée entre les Auteurs, de ſavoir ſi une Sentence préparatoire ou interlocutoire eſt ſujette à la péremption. Me. J. Melenet, en ſon Traité des Péremptions ci-deſſus, queſt. 34 & 35, indique ceux qui ont ſoutenu l'une & l'autre opinion. Il faut ajouter aux Auteurs qui ſont d'avis que les Sentences préparatoires ou interlocutoires ſont ſujettes à la péremption, M. le Chancelier d'Agueſſeau. Voy. ce que ce Magiſtrat a écrit, tom. 5 de ſes Œuvres, plaidoyer 58, pag. 188. Il eſt facile de s'appercevoir que Me. Jean Melenet, *loc. cit.* inclinoit beaucoup à adopter la même opinion; mais il écrivoit dans un Reſſort où il a été jugé par pluſieurs Arrêts, que les Sentences préparatoires & interlocutoires ne tombent point en péremption; enſorte qu'il termine ſa diſſertation sur les deux sentimens opposés, en se rangeant à l'avis consacré par les Arrêts rendus pour notre Ressort. Je ne sais cependant si ce Jurisconsulte étoit bien pénétré de la solidité des motifs par lesquels il paroît s'être décidé.

Ces motifs consistent à dire, 1°. qu'en ce Ressort on n'est pas bien persuadé que les interlocutoires en preuve doivent être exécutés par provision, nonobstant l'appel, quoique l'Ordonnance de 1667, tit. 22, art. 2, l'ordonne expressément, & que c'est de cette erreur des Praticiens de Bourgogne, que dérive le sentiment adopté par les Arrêts pour notre Ressort, que les Sentences préparatoires & interlocutoires ne périment pas; mais il me semble qu'il n'est pas bien facile d'entendre en quoi cette erreur des Praticiens de Bourgogne auroit pu donner naissance à l'opinion, que les Sentences préparatoires ou interlocutoires ne tombent pas en péremption; cela seroit bon, si le moyen d'empêcher la péremption, ou de l'acquérir en ce cas, dépendoit de l'exécution ou inexécution provisoire du Préparatoire en preuve, au lieu qu'il est facile de s'appercevoir que ce n'est point de ce qu'il n'aura pas été procédé par provision à l'Enquête ordonnée, ni de ce qu'il y aura été procédé pendant l'appel, que dépend la faculté d'acquérir ou d'empêcher la péremption du Préparatoire en preuve ; qu'eſt-ce en effet que la péremption ? C'eſt la ceſſation ou la diſcontinuation des procédures dans une inſtance commencée dans l'eſpace de trois ans. Et ſur quel fondement une Partie peut-elle oppoſer à l'autre la péremption de l'inſtance, enſuite d'une Sentence préparatoire en preuve, dont il y a appel ? Ce n'eſt pas ſur ce qu'il n'aura pas été procédé par proviſion à l'Enquête ordonnée, nonobſtant l'appel, mais uniquement ſur ce que depuis l'appel interjeté, l'Intimé ni l'Appellant n'ont fait aucune pourſuite pour faire juger l'appellation ; & comme rien ne s'oppoſoit à ce que l'Intimé, qui avoit obtenu le Jugement préparatoire en preuve, ne fît quelques diligences pour le faire confirmer, au lieu de laiſſer écouler trois années, ſans faire quelques procédures pour y parvenir, il s'enſuit que la péremption acquiſe contre l'Intimé peut être regardée comme la juſte peine de ſa négligence, qui ne peut être excuſée par le motif de la vieille erreur de nos Praticiens, qui ont penſé qu'on ne pouvoit pas procéder à une Enquête ordonnée par proviſion, nonobſtant l'appel, puiſque cette opinion, vraie ou fauſſe, n'a pu être l'occaſion de la ceſſation entiere des pourſuites ſur l'appel interjeté de ce Jugement préparatoire.

On reconnoîtra encore combien il eſt peu vraiſemblable que l'opinion des Praticiens de Bourgogne, ſur la faculté d'exécuter les Préparatoires en preuve, nonobſtant l'appel, doive être conſidérée comme un motif qui ait contribué à introduire en Bourgogne la Juriſprudence qui n'admet point la péremption des Sentences préparatoires ou interlocutoires ; puiſque cette Juriſprudence comprend non-ſeulement les Préparatoires en preuve, mais encore tous autres Jugemens préparatoires, tels qu'ils ſoient, notamment ceux qui ordonnent que les Parties conviendront d'Experts. Ceux-ci cependant ne doivent pas être exécutés par proviſion, nonobſtant l'appel. Ces réflexions ſuffiſent pour écarter le premier motif que Me. Melenet allegue de la Juriſprudence du Parlement de Dijon, ſur la queſtion dont il s'agit.

Néanmoins, toujours en ſuivant la même idée, ce Juriſconſulte ajoute que, tant que l'appellation du Jugement préparatoire ſubſiſte, il n'y a point d'obligation de la part de l'Intimé de procéder à l'Enquête ordonnée, & que ce n'eſt qu'une pure faculté dont il lui eſt loiſible de ne pas uſer, ſans qu'il en réſulte contre lui aucun préjudice. Cette propoſition eſt vraie, & ne ſauroit être contredite ; mais voici la conſéquence qu'en déduit Me. Melenet. *Il feroit injuſte* ( dit-il ) *de punir la prudence que l'Intimé auroit eu de ne vouloir pas riſquer les frais d'une preuve, avant d'être ſûr du principe, par un Arrêt de confirmation.* Cela ſeroit injuſte, ſans doute, ſi tel étoit le fondement de la péremption; mais ce qui fonde véritablement la péremption, ainſi que je l'ai obſervé ci-deſſus, & ce qui n'emporte certainement aucune injuſtice, c'eſt que l'Intimé, qui n'a fait aucune diligence pendant trois ans, pour faire confirmer la Sentence préparatoire dont étoit appel, ſoit puni de cette négligence par la péremption de l'inſtance & de la Sentence interlocutoire qu'il avoit obtenue. C'eſt ainſi que M. le Chancelier d'Agueſſeau s'en explique en ſon plaidoyer ci-deſſus cité, auquel il eſt facile de recourir.

Le ſecond motif de M^e^. Melenet que je viens de rapporter, & qu'il regarde comme celui qui autoriſe le plus notre Juriſprudence, de ne point admettre la péremption des Sentences préparatoires ou interlocutoires, dérive encore, ſelon lui, de la ſuppoſition que fait ce Juriſconſulte, que la péremption, en ce cas, ſi elle étoit admiſe, n'auroit, à notre égard, d'autre fondement que le retard d'exécuter proviſoirement le Préparatoire en preuve, nonobſtant l'appel; & dans cette ſuppoſition, M^e^. Melenet poſe pour principe, que la péremption eſt un moyen reſpectif, qu'elle ne doit point être admiſe contre une Partie qu'elle ne le ſoit auſſi contre l'autre, & que, comme l'inſtance principale ne pourroit pas ſe périmer contre l'Appellant tant que l'appel dure, puiſqu'on ne peut pas exiger de lui qu'il exécute une Sentence dont il s'eſt rendu Appellant, & qu'il eſpere faire réformer ; ſa Partie adverſe, dans ces circonſtances, ne peut être expoſée à perdre, par la péremption, l'avantage qui lui eſt acquis de demander la confirmation de la même Sentence. Toutes ces propoſitions ſont inconteſtables ; mais elles ne reçoivent ici aucune application, puiſque, comme je l'ai déjà obſervé ci-deſſus, la péremption, en ce cas, ne dérive point de l'exécution ou inexécution proviſoire de la Sentence pendant que l'appel ſubſiſte, mais de la ceſſation entiere des pourſuites pour la réformation ou la confirmation de la Sentence préparatoire depuis l'appel qui en a été interjeté ; ceſſation abſolument imputable à l'Intimé, le ſeul qui ait intérêt à faire des diligences pour faire confirmer la Sentence & empêcher la péremption.

Ce ſont cependant ces motifs qui ont déterminé Me. Melenet à ſe déclarer pour l'opinion que les Sentences préparatoires ou interlocutoires ne ſont pas ſujettes à la péremption ; motifs qui me paroiſſent peu concluans ; je préfere donc de me soumettre, sans examen, à l'autorité de la chose jugée, au lieu de chercher les motifs d'une opinion difficile à légitimer par des raisonnemens convaincans ; toutefois s'il m'est permis de sonder les intentions des Magistrats qui ont rendu l'Arrêt du 7 Avril 1645, d'où dérivent ceux qui forment, avec celui-ci, notre Jurisprudence sur la question dont il s'agit, il me paroît que l'on peut en trouver les raisons dans la nature même de la péremption : cette voie d'acquérir un droit ou de l'affranchir d'une obligation, a été jugée nécessaire pour empêcher que les contestations ne s'éternisent ; mais elle a sans doute paru rigoureuse à nos anciens, & ils ont cru qu'il étoit permis de la restreindre ; en conséquence ils ont décidé que la péremption n'auroit lieu qu'aux Jugemens & Sentences préparatoires de pure instruction. C'est ainsi que s'en explique Me. François Bridon, en ses Remarques sur le Traité des Péremptions, pag. 156, ci-dessus citée ; & M. Fleutelot de Beneuvre, sur l'Arrêt du 21 Août 1719, & autres Arrêts ci-dessus rapportés. Mais ces considérations, qui ne sont pas puisées dans les principes de la matiere, s'éclipsent devant la regle que nous trace M. le Chancelier d'Aguesseau. *Dans le cas d'une Sentence définitive* (nous dit ce savant Magistrat, *loc. ſupr. citat.*) *il n'y a plus d'inſtance principale, au contraire dans le cas d'une Sentence interlocutoire, donc l'Intimé a dû pourſuivre comme l'Appellant.* Si la péremption a lieu dans le cas d'une Sentence définitive dont il y a appel, quel motif peut-il y avoir d'excepter de cette regle les Sentences préparatoires ? On n'expliquera jamais cette diſtinction d'une maniere ſatiſfaiſante. Mais ne cherchons pas davantage à éclaircir la queſtion dont il s'agit par le ſecours du raiſonnement, & bornons-nous à dire : *autoritas rerum perpetuò judicatarum pro Lege habetur* (1). L'obſervation de cette maxime eſt plus importante au repos de la Société, que toute la ſcience qui tendroit à remettre en problême ce qui a été regardé juſqu'ici comme conſtant par les Maîtres qui nous ont précédés.

*V. ci-après addit.* 20.

## XVI.

Péremption, ſi périme les actes probatoires.

Par Arrêt du 2 Août 1605, rapporté par de Pringle, tom. 2, fol. 91, certaine inſtance fut déclarée périmée, ſans préju-

---

(1) Leg. 38, ff. de Legib. — *Dom. de Parlamento Divion. judicaverunt ità & pro certo benè, & ſic non eſt ampliùs diſputandum cùm Arreſtum Curiæ habeat vim Legis.* Chaſſan. *in Conſ. Burg.* rubr. 4, §. 7, *in verb.* par teſtament, *n.* 12, *p.* 632.

dice des preuves & Enquêtes, ou autres résultantes des actes.

*V. le Traité des Péremptions de Me. Jean Melenet, ci-dessus, quest. 76, & les Remarques de Me. Fr. Bridon, édit. de 1750, §. 33, p. 80,* in fine, *& 81, §. 40, pag. 142 & 143. L'Arrêt du 2 Août 1605, est encore rapporté par M. le Président Bouhier, en son ancien Recueil d'Arr. tit. 90, art. 71.*

## XVII.

Si, après la nomination du Rapporteur, & le Placet signifié, il peut y avoir péremption, les pieces ne lui ayant point été portées.

Le sieur de Grenaud, Marquis de Rougemont, avoit été condamné aux Requêtes du Palais, dans un procès par écrit, à payer au sieur Anthelme Tricaut, Prieur de Belmont, certaine dîme. Sur l'appel, on avoit député feu M. Espiard de Vernot pour Commissaire; & après sa mort, le sieur Tricaut lui avoit fait subroger feu M. Pouffier, par un Placet qui avoit été signifié à sa Partie; mais cela n'avoit été suivi d'aucune poursuite, & on n'avoit pris aucun soin pour faire remettre les pieces au nouveau Rapporteur. Trois années & plus s'étant écoulées dans cette inaction, le sieur Tricaut voulut faire déclarer l'instance d'appel périmée; mais par Arrêt donné à la Grand'Chambre en une Audience par Placet, le Samedi 1er. Février 1738, sur la demande en péremption, les Parties furent mises hors de Cour & de procès, dépens compensés, plaidant Ranfer pour le sieur Tricaut.

J'ai appris de M. Bouhier de Lantenay, que, par un autre Arrêt donné au rapport de M. Jehannin, à la Grand'Chambre, il avoit été jugé qu'un procès ayant été distribué à un Rapporteur, quoique les sacs n'eussent pas été portés chez lui, il n'y avoit point de péremption.

*V. ci-dessus nomb. X, un Arrêt du 9 Février 1719, conforme à ceux ci-dessus, il est rapporté au Traité des Péremptions de M^e. Jean Melenet ci-dessus, quest. 45.*

## XVIII.

Jugé qu'oui, par Arrêt du 21 Décembre 1582, rapporté par Gervais, Arrêt 168. Péremption, si a lieu en instance décrétale.

ADDIT. [Sur la question, si la péremption d'instance a lieu en fait de Criées. Voy. Rigolet, pag. 421. *Anc. Rec. d'Arrêts de M. le Président Bouhier, tit. 90, Arrêt 80.* Servin, plaid. 86, pag. 796. Les Arrêts d'Albert, lett. P, pag. 277. Gouget, des Criées, pag. 512. Ordonn. de 1629, art. 158. Voy. pourtant l'Ordonn. de 1629, art. 91 & 158. Tournet, sur la Coutume de Paris, art. 353. Ferriere, *ibid.* art. 345. Chesne, Conf. 1, chap. 90 & suiv. Brodeau, sur Louet, lett. P. somm. 14, n. 21 & 30, & lett. S, somm. 14, n. 31. *Rec. de Droit de M. le Président Bouhier, manuscrit, au mot* PÉREMPTION.]

*V. le Traité des Péremptions de Me. Jean Melenet, ci-dessus, quest. 27, 28, 29.*

## XIX.

Si celui qui a paru opposer la péremption, & ne l'a pas fait, perd son droit de recours.

Il fut jugé qu'oui, par l'Arrêt de 1582, mentionné en l'art. précédent.

*V. ci-dessus nomb. XI.*

## XX.

Péremption, si a lieu en instance possessoire.

Jugé qu'oui, par Arrêt du 8 Mars 1584, rapporté par Me. René Gervais, Arrêt 306.

*V. sur cette quest. un Arrêt du 16 Juillet 1717, rapporté par Me. Jean Melenet, Traité des Péremptions, ci dessus, quest. 67.*

## XXI.

Si elle entraîne la péremption d'un commandement qui a précédé l'instance.

Me. Gabr. Davot, *Instit. manus. au Droit Franç. liv. 2, tit. 7*, dit qu'un commandement de payer n'est pas sujet à péremption ; mais que si le débiteur y a formé opposition, & qu'il y ait ensuite une instance qui soit tombée en péremption, le commandement sera aussi périmé ; & que cela a été ainsi jugé par Arrêt donné au rapport de M. Jehannin le 13 Août 1712, pour le Chapitre de St. Pierre de Mâcon, contre le sieur Bouillet. Voy. M. Favre, Cod. tit. *de Litis-contest.* defin. 2. Papon, liv. 8, tit. 8.

*Nota.* C'eſt au tome 3 des Traités de Droit François, imprimé en 1751, p. 153, art. 95.

*V. ſur cette queſtion le Traité des Péremptions de Me. Jean Melenet, édit. de 1760, queſt. 63, & addit. p. 164.*

## XXII.

Si la péremption d'appel eſt acquiſe quand, depuis l'appel relevé, les pourſuites ont été diſcontinuées pendant 3 ans, quoique l'appel n'ait point été ſuivi de la préſentation des Procureurs, ſoit de toutes les Parties, ſoit de l'une ſeulement.

Avant que d'entrer dans l'examen de cette queſtion, il faut poſer pour principe qu'il y a une extrême différence entre la péremption de la premiere inſtance & la péremption de l'inſtance d'appel.

Cette différence conſiſte en ce que la premiere inſtance étant périmée, il n'y a que les procédures qui périſſent ; enſorte qu'il demeure libre au Demandeur d'intenter de nouveau ſon action, pourvu qu'il ſoit encore dans le temps de le faire.

La péremption de l'appel au contraire emporte la confirmation de la Sentence dont il eſt appel, & fait par conſéquent perdre à l'Appellant ſon procès ſans reſſource (1).

Ce principe eſt établi par Brodeau ſur M. Louet, lett. P, ſomm. 14, n°. 3, & par le témoignage uniforme de tous nos Praticiens.

---

(1) Voyez le Traité des Péremptions de Me. Jean Melenet, ci-deſſus, queſt. 59.

Il faut encore se souvenir que la Loi, qui a introduit les péremptions, est pénale & contraire au Droit commun, qui ne veut pas qu'aucune action puisse être prescrite que par une cessation de trente années, ce qui fait connoître que la matiere des péremptions étant de Droit étroit, ne doit pas être facilement étendue d'un cas à un autre.

Cela présupposé, il faut remonter au texte de la *Loi Properandum 13*, §. *1. Cod. de Judiciis*, où se trouve l'origine des péremptions. En voici les termes : *Censemus omnes lites super pecuniis quantæcumque quantitatis, non ultrà triennii metas post litem contestatam esse protrahendas* (1).

Il est évident que, suivant cette Loi, la péremption ne commence à courir que du jour de la contestation en cause ; & quoiqu'il y ait eu quelque dispute entre les Docteurs, pour savoir quel acte formoit cette contestation, il est certain qu'ils sont tous convenus qu'il falloit au moins pour cela que les deux Parties se fussent présentées en Jugement, soit en personnes,

(1) Me. Melenet a soutenu le contraire, Traité des Péremption. ci-dessus, quest. 1, en quoi il est formellement contredit par les Annotateurs de Duplessis, dont Me. Bannelier a donné une analyse. Traités de Droit Franc. tom. 8, obs. 288 & 289, pag. 499 & suiv.

soit

ſoit par Procureur ; car, tant qu'on eſt défaillant, on ne peut dire qu'on conteſte.

Cette Loi a été de tout temps reçue & exécutée en France, comme on le reconnoît par nos anciens Praticiens, tels qu'Imbert & les autres. Ce fait eſt conſtant.

Mais du temps du Chancelier de l'Hôpital, il s'éleva un doute à ce ſujet (1), qui donna lieu à une interprétation de cette Loi ; quoiqu'il fut décidé qu'une inſtance périmée ne pouvoit même ſervir pour interrompre la preſcription, quelques-uns vouloient tirer de cette regle les inſtances conteſtées, leur raiſon étoit que la conteſtation en Cauſe conſtituoit le Défendeur en mauvaiſe foi, & que dès-là il ne pouvoit plus preſcrire, ſuivant la Loi 9, §. 3, *D. de Jurejurand.* & pluſieurs autres. Pour lever ce ſcrupule, l'on inſéra dans l'Ordonnance de Rouſſilon l'art. 15, dont voici la teneur.

*L'inſtance intentée*, ORES QU'ELLE SOIT CONTESTÉE, *ſi par le laps de trois ans elle eſt diſcontinuée, n'aura aucun effet de perpétuer ou proroger l'action. Ains aura la preſcription ſon cours, comme ſi ladite inſtance n'avoit été formée, ni introduite, & ſans qu'on puiſſe prétendre la preſcription*

(1) Ce doute avoit été formé par Barthole. Voyez Vallant, *de Reb. dub.* Tract. XV. p. 88 & ſeq.

*avoir été interrompue.* Voy. Mornac ſur ladite Loi, où il dit que l'Ordonnance de Rouſſillon, art. 15, n'eut pour motif que celui que j'ai remarqué, & pour condamner l'opinion de Barthole. Voy. Vallam, *ibid.* & Loiſeau, des Déguerp. liv. 5, ch. 11, n. 6 (1).

Quelques gens ont prétendu que ces mots *ores qu'elle ait été conteſtée*, marquoient que l'eſprit de l'Ordonnance a été d'aſſujettir à la péremption toutes les inſtances, ſoit qu'il y ait conteſtation, ou non. Mais ils ſe trompent manifeſtement; car, ſi cela étoit, l'Ordonnance auroit été conçue en cette ſorte: *ores qu'elle n'ait pas été conteſtée*, *&c.* & tout le reſte de l'article auroit auſſi été tourné autrement; car, comme il auroit dérogé en ce point à la Loi *Properandum*, il en auroit été fait une mention expreſſe (2).

Et ce qui prouve parfaitement que ce n'a point été là l'eſprit de l'Ordonnance,

---

(1) M^e^. Jean Melenet, en ſon Traité des Péremptions, ci-deſſus, queſt. 2, fait voir que l'uſage des péremptions eſt établi en France ſur l'autorité de l'Ordonnance de François I. de 1539, art. 120; de celle de Charles IX. donnée à Rouſſillon le 9 Janvier 1563, art. 15; de celle de Louis XIII. de 1629, art. 91 & 158, & de celle de Louis XIV. de 1667, tit. 27, art. 5.

(2) M^e^. Jean Melenet, en ſon Traité des Péremptions, ci-deſſus, queſt. 64, donne la même interprétation à l'art. 15 de l'Ordonnance de Rouſſillon de 1563.

c'est qu'elle a toujours été entendue & exécutée d'une autre maniere. Ce qui est attesté par tous les Jurisconsultes qui en ont parlé depuis, & entr'autres par Henrys, tom. 1, liv. 4, chap. 6, quest. 101 ; Bardet, tom. 2, pag. 231 ; & Brodeau, sur M. Louet, lett. P, somm. 14, n. 10, lesquels observent que la péremption ne pouvoit être acquise de leur temps, que les Parties ne se fussent respectivement présentées par Procureur. Car, ajoutent-ils, *c'est proprement la présentation qui saisit & forme l'instance.*

On ne peut pas dire que l'usage du Parlement de Dijon ait été contraire en cela à celui de Paris. Les Arrêts qui sont dans nos Recueils en grand nombre justifient que nos peres ont toujours regardé la présentation des Procureurs comme nécessaire pour former une instance sujette à péremption. Il n'est point survenu de Loi nouvelle, qui nous engage à changer cette Jurisprudence ; nous n'avons donc ni autorité, ni raison pour l'abolir.

Il est vrai que, par un Arrêt du Parlement de Paris, donné en 1684, & rapporté au Journal du Palais, part. X, pag. 212, il a été jugé pour la premiere fois, que la péremption d'instance pouvoit être acquise, quoique l'assignation n'eût point été suivie de constitution de Procureur de la part du Défendeur. Il eſt encore vrai que, ſur la contrariété des Arrêts rendus ſur ce ſujet, le même Parlement fit un Réglement en 1692, portant *que les inſtances intentées, bien qu'elles ne ſoient conteſtées, ni les aſſignations ſuivies de conſtitution & de préſentation de Procureur par aucune des Parties, ſeront ſujettes à péremption.*

Il eſt aiſé de juger par ce qui a été dit ci-deſſus, que ces Arrêts ſont abſolument contraires non-ſeulement à l'uſage obſervé de tout temps, mais encore à la Loi *Properandum.* Car ils ont décidé contre les propres termes de cette Loi, que la péremption couroit même avant la conteſtation en cauſe. Ainſi, l'on ne croit pas que ces Arrêts doivent être ſuivis en ce Parlement.

En tout cas, nous ne devons pas en porter la déciſion plus loin que le Parlement de Paris même, lequel ne l'étend point aux péremptions d'appel.

La preuve en réſulte d'un Arrêt qu'il rendit en 1697, & qui eſt imprimé à la ſuite du Réglement de 1692; car cet Arrêt décide nettement qu'en cauſe d'appel la péremption ne peut être prétendue, s'il n'y a eu préſentation des Procureurs de l'une & de l'autre des Parties. Ce qui eſt contraire à ce que le Réglement a décidé à l'égard des péremptions des premieres instances, & qui est sans doute fondé sur la différence infinie des effets de ces deux sortes de péremptions.

N'y ayant donc aucune Loi ni Réglement qui assujettissent à la rigueur de la péremption, les instances d'appel où il n'y a point de présentation de Procureurs de la part des deux Parties, & cette rigueur étant au contraire condamnée par la Loi *Properandum* & par l'usage, on ne voit pas quel motif on pourroit avoir pour l'introduire.

*Obs.* Me. Jean Melenet, Traité des Péremptions, ci-dessus, quest. 65, est d'un sentiment opposé à celui de M. le P. Bouhier; il soutient qu'une instance peut se périmer, quoique les Parties ne se soient pas présentées par le ministere d'un Procureur; il cite un Arrêt rendu sur sa plaidoierie, le ... Mars 1701. Me. J. F. Bridon, en ses Remarques sur le même Traité, édit. de 1750, §. 41, pag. 151, rapporte encore deux Arrêts des mois de Juin 1714 & 27 Mars 1715, qui ont jugé la question conformément à l'opinion de Me. Melenet. Ces décisions sont néanmoins contredites par plusieurs Arrêts rendus sur la même question. Le premier, du 3 Juin 1633, est rapporté ci-après, addit. 7e. Le second, du 28 Mars 1673, est rapporté ci-après, addit. 11e. Le troisieme, du 13 Mars 1699, est inséré ci-après, addit. 2e. Le quatrieme, du 24 Juillet 1733, est rapporté par M[e]. J. F. Bridon, au Traité des Péremptions, édit. de 1750, §. 41, pag. 157. Le cinquieme, du 11 Février 1784, est rapporté ci-après, addit. 1re. Au milieu de cette contrariété d'Arrêts & d'opinions, s'il m'est permis de m'expliquer de mon avis, il me paroît, après avoir mûrement médité les motifs des décisions contraires, & balancé le mérite des sentimens opposés, qu'il est difficile de ne pas donner la préférence aux Arrêts de 1633, 1673, 1699, 1733 & 1784, sur ceux de 1701, 1714 & 1715, & que l'avis de M. le Président Bouhier doit l'emporter sur celui de M[e]. Melenet : les moyens que M. le Président Bouhier emploie pour établir son opinion, sont si solides, & l'Arrêt du 13 Mars 1699 a décidé la question trop expressément, suivant l'opinion de M. le P. Bouhier, pour qu'il ait été permis à M[e]. Melenet, qui le rapporte (Traité des Péremptions, ci-dessus, quest. 62, *in fine*,) d'embrasser un sentiment contraire, à moins qu'on ne dise, pour l'excuser, qu'il n'a pas été bien instruit de ce qui a été jugé par cet Arrêt.

*V. ci-après l'addit. 2.*

Si, malgré les autorités propres & spéciales pour notre Reſſort, & que je crois déciſives, il reſtoit encore quelque doute ſur cette queſtion, on peut recourir à ce qu'a écrit le ſavant Dupleſſis, en ſa 11^e^. Conſultation, tome 1, où il établit la néceſſité de la préſentation de l'une & de l'autre Partie, pour que la péremption puiſſe être acquiſe (1).

Je n'ignore pas que, le 12 Mars 1772, il eſt intervenu une déciſion contraire à ces principes, elle a même été imprimée dans le temps; mais indépendamment de ce que, comme l'a dit le Continuateur de Deniſart, cette déciſion *eſt à une époque où elle ne peut pas former de préjugé* (2), elle eſt trop oppoſée aux vrais principes, pour qu'elle puiſſe être ici de quelque conſidération.

*V. ci-après les addit.* 2, 7 *&* 11.

---

(1) M. le Préſident Bouhier, en ſes Recueils de Droit, au mot *Péremption*, indique la Conſultation 11^e^. de Dupleſſis ci-deſſus rapportée, & le Journal des Audiences, tom. 6, part. 1, pag. 378.

(2) Deniſart, Collection de Déciſions nouvelles, relatives à la Juriſprudence, édit. de 1783, tom. 1, au mot *Abbé in partibus*, page 11.

# ADDITIONS
## *AU TITRE*
## DE LA PÉREMPTION
### D'INSTANCE.

Si la péremption peut être opposée à la Cour à deux Parties qui ont un égal intérêt avec une troisieme, contre laquelle il y a eu défaut levé au Greffe antérieurement aux trois années de cessation des poursuites, & qui se présente à la Cour avant que le profit du défaut n'ait été adjugé contre elle.

ADDIT. 1re. La Dame Tardy, veuve de Me. Claude Roy, Avocat à la Cour, étoit créanciere d'un principal de 2000 l. par billet, sous écriture privée, sur les Sieur & Dame Siredey, portant promesse d'en passer acte pardevant Notaire, à toutes requisitions; elle fit assigner au Bailliage de Dijon, le...... 1774, les Sieurs & Demoiselle Louis, Pierre & Rose Siredey, enfans & héritiers du feu sieur Siredey, pour ouir dire qu'ils seroient tenus de se trouver pardevant Notaire, à l'effet de passer acte contenant reconnoissance du principal de deux mille livres, & qu'ils seroient en outre condamnés au paiement de la somme de cent livres, pour une année lors échue de ce capital. Les Sieurs & Demoiselle Siredey répondirent à cette assignation, que leurs pere & mere s'ét.nt obligés ensemble, sans stipulation de solidité, ils n'étoient tenus, en qualité d'héritiers de leur pere, de passer reconnoissance du principal de 2000 liv. & d'en payer les intérêts que pour la moitié seulement; & sous le bénéfice de ces offres, ils conclurent à leur renvoi (1).

La Cause portée à l'Audience du Bailliage de Dijon, y fut décidée à l'avantage de la Dame veuve Roy : sur l'appel qui en fut interjeté à la Cour, par Louis Siredey, auquel appel adhéra Rose Siredey sa sœur, MM. se trouverent partagés en opinions, ensorte qu'il intervint Arrêt le 28 Juillet 1779, portant que, pour être fait droit aux Parties, elles mettroient leurs pieces sur le bureau, & encore un autre Arrêt le.... 1780, portant que les Parties demeuroient appointées à écrire & produire (2).

Or, avant l'Arrêt du 28 Juillet 1779, Pierre Siredey avoit été assigné de la part de la Dame veuve Roy, pour ouir dire que l'Arrêt qui interviendroit contre Louis & Rose Siredey, ses frere & sœur, seroit déclaré commun avec lui. Pierre Siredey ne s'étoit pas présenté sur cette assignation. La Dame veuve Roy avoit obtenu défaut contre lui. Aucune des Parties n'en avoit poursuivi le jugement, & l'Arrêt du... 1780,

(1) La mere étoit insolvable.

(2) V. ce qui a été écrit sur le fond du procès, qui présente une question neuve & importante, en mes Recueils chronolog. in-fol. *28 Juillet 1779*.

portant réglement à écrire & produire, n'avoit été, ni expédié, ni signifié, ensorte que le procès n'étant ni conclu, ni distribué, & toutes les Parties ayant discontinué leurs poursuites depuis cette époque, la Dame Roy donna sa Requête à la Cour le 9 Décembre 1783, tendante à ce qu'il lui fût permis de faire venir à l'Audience Louis & Rose Siredey, pour ouir dire que l'appellation par eux interjetée de la Sentence du Bailliage du 28 Juillet 1778, seroit déclarée périmée; qu'en conséquence, il seroit ordonné que ladite Sentence passeroit en force de chose jugée, & qu'en adjugeant le profit du défaut obtenu contre Pierre Siredey, l'Arrêt qui interviendroit seroit déclaré commun avec lui. L'Audience ayant été accordée pour plaider par Avocats sur ces conclusions, en la Grand'Chambre, le Mercredi 11 Février 1784, Daubenton qui plaida pour Louis & Rose Siredey, Défendeurs à la demande en péremption, soutenoit que, dans l'état où étoit l'instance, l'appellation interjetée par ses Parties ne pouvoit pas être périmée, & il se fondoit sur ce qu'il y avoit eu un défaut levé au Greffe de la Cour contre Pierre Siredey, dont la Dame veuve Roy avoit demandé, par sa Requête du 9 Décembre 1783, que le profit lui fût adjugé. Il déclara de plus qu'il paroissoit à la barre de la Cour, tant pour Louis & Rose Siredey, que pour ledit Pierre Siredey leur frere; ensorte que, suivant lui, sa comparution pour ledit Pierre Siredey devoit faire un obstacle encore plus invincible à la péremption de l'appellation. Vainement Trullard, pour la Dame veuve Roy, insistoit-il à demander que l'instance sur la péremption acquise contre Louis & Rose Siredey, fût jugée en l'état qu'elle étoit avant la présentation faite au Greffe de la Cour pour Pierre Siredey. La Cour jugea que les conclusions prises par la Dame veuve Roy, dans sa Requête du 9 Décembre 1783, s'opposoient à cette disjonction d'instance, & la cause se trouvant à peu près dans les mêmes circonstances que celle jugée par l'Arrêt rendu au Siege souverain de la Table de Marbre, le 24 Juillet 1733, rapporté par l'Auteur des Remarques sur le Traité des Péremptions, édit. de 1750, p. 157, la Cour, par les mêmes motifs, & par Arrêt rendu en l'Audience dudit jour 11 Février 1784, après en avoir délibéré sur le registre, mit sur la demande en péremption les Parties hors de Cour, dépens entre elles compensés. J'étois des Juges, l'Arrêt fut rendu d'une voix unanime.

*V. ci-dessus nomb.* XXII, *& ci-après addit.* 2, 4, 7 *&* 11.

S'il faut une assignation & une présentation pour former une instance ou cause d'appel, & la rendre sujette à péremption.

ADDIT. 2. « Du Vendredi 13 Mars » 1699. Au rapport de M. de Clugny, » ont été vues les pieces ordonnées être » mises sur le bureau, par Arrêt rendu » à l'Audience publique, entre Barthele- » my Genglaire, Procureur d'office en la » Justice de Thil, Demandeur en pérem- » ption de l'appellation interjetée par dé- » funt M. Antoine Espiard, Conseiller » en ce Parlement, d'une collocation or- » donnée dans le décret de Lusigny, par » défunt M. Fleutelot, Conseiller audit » Parlement, d'une part, & M. François- » Bernard Espiard, Intimé, d'autre part. Il » s'agissoit de savoir si ladite appellation » interjetée, il y avoit plus de douze ans, » n'ayant point été relevée ni anticipée, » & n'y ayant eu aucune assignation don- » née, étoit périmée, ladite appellation » étoit émise du prononcé d'un Conseiller » de la Cour dans un décret. L'affaire mise » en délibération, il a été décidé que lad. » appellation n'étoit point sujette à pérem- » ption, & *qu'il auroit fallu une assigna-* » *tion & une présentation, pour former une* » *instance ou cause d'appel, & la rendre su-* » *jette à péremption.* L'Arrêt prononcé à l'Au- » dience d'instruction, le Samedi 14 dudit » mois de Mars. » *Reg. Gr. Ch.*

*Nota.* Cet Arrêt est rapporté par M. le Président Bouhier, en son ancien Recueil d'Arrêts, tit. 90, Arr. 19

*Obs.* Me. Jean Melenet, qui rapporte cet Arrêt (Traité des Péremptions, ci-dessus, quest. 62) n'a pas été bien instruit des motifs de cette décision, lorsqu'il a dit seulement qu'un appel qui n'a été ni relevé, ni exécuté, ne périme pas. Il a omis ce qui est principalement à remarquer dans cette décision, *qu'il faut une assignation & une présentation pour former une instance ou cause d'appel, & la rendre sujette à péremption.* Il est vrai que cette explication contrarioit son opinion, suivant laquelle, ainsi qu'il s'en explique, *ibid.* quest. 65, la péremption peut être acquise, quoique les Parties ne se soient pas présentées; mais il importoit au bien de la justice de rétablir une citation qui conserve les principes.

*V. ci-dessus nomb. XXII, observation à la suite, & addit. 1re. & ci-après addit. 7 & 11.*

Réglement portant qu'à l'avenir le défaut de poursuites pendant 3 ans de Jugement d'un mis sur le bureau, emportera péremption, à moins que l'une des Parties n'ait fait commettre un Rapporteur, & signifier le Placet, après que celui qui étoit député en la Grand'Chambre,

Addit. 3. « Du Samedi 8 Mai 1700. » Ayant été proposé de faire un Réglement pour l'avenir, sur la question de savoir si un défaut de poursuites, pendant trois ans, d'un Jugement d'un mis sur le bureau, distribué à un de MM. de la Grand'Chambre, lequel ne l'avoit point rapporté pendant qu'il y avoit fait son service, emportoit la péremption: » MM. ont été d'avis de faire ledit Régle-

en sera sorti pour aller rendre son service en une autre Chambre.

» ment, & pour cet effet, de consulter
» les Chambres. Sur quoi ayant été opiné,
» & leurs opinions portées aux deux au-
» tres Chambres, par M. Comeau, icelui
» étant rentré, & ayant fait rapport des
» opinions de MM. desdites Chambres, il
» a été fait Arrêt en forme de Réglement,
» portant qu'à l'avenir le défaut de pour-
» suites, pendant trois ans, du Jugement
» d'un mis sur le bureau, emportera pé-
» remption, sinon que l'une des Parties ait
» fait commettre un Rapporteur, & signi-
» fier le Placet, après que celui qui étoit
» député en la Grand'Chambre, en sera
» sorti pour aller rendre son service en une
» autre Chambre, & a été délibéré que
» ledit Arrêt de Réglement sera registré au
» registre de la Communauté des Procu-
» reurs, à ce qu'ils aient à s'y conformer. »
*Reg. Gr. Ch.*

*Nota.* Cet Arrêt est rapporté par M^e^. Jean Melenet, Traité des Péremptions qu'il faut voir ci-dessus quest. 44. M^e^. J. F^r^. Bridon, en ses Remarques sur le même Traité, édit. de 1750, pag. 156, cite encore un autre Arrêt rendu sur la même question, le 11 Septembre 1724.

*V. ci-dessus nomb. VII.*

La péremption n'a pas lieu à l'égard de l'un des

ADDIT. 4. [Jugé à l'Audience de relevée de la Grand'Chambre, du 3 Février

1755, entre les nommés Monet, Demandeurs, & Bauchetet, Défendeur, que l'instance de Bauchetet contre Monet n'étoit pas périmée, quoiqu'il y eût cessation de poursuites à son égard pendant plus de trois ans, pendant lesquels Bauchetet les avoit continuées contre les autres cohéritiers de Monet, assignés sur les mêmes demandes, dans la même Jurisdiction, pour être l'instance jugée par un même Arrêt. On jugea que les procédures faites contre les cohéritiers de Monet, dans ces circonstances, avoient interrompu la prescription à son égard, & qu'en déclarant la prescription acquise avec lui, ce seroit diviser la continence de la cause, qui étoit commune entre lui & tous les autres cohéritiers. *Recueil manusc. de M. Fleutelot de Beneuvre, tom. 2, part. 2, quest. de Pratiq. civ. verb.* Péremption, *art 7, p. 94.* ]

cohéritiers, quoique les procédures aient cessé à son égard pendant plus de trois ans, si elles n'ont pas cessé contre ses cohéritiers assignés en vertu d'une seule & même commission, & avec lesquels l'instance est commencée.

*V. ci-dessus addit. 1re.*

ADDIT. 5. A l'Audience du 30 Décembre 1780, en la Tournelle & dans la cause d'entre les nommés Cramponne, Notaire à Beaubéri en Charolois, & Prudhon, Fermier de la Commanderie d'Epinassi, se présenta la question de savoir si l'appellation interjetée par Cramponne, d'une Sentence rendue au Bailliage de Charolles, le 22 Avril 1774, étoit périmée, faute de pour-

Si un procès étant en état de juger à la Cour au moyen des forclusions de produire obtenues par l'Intimé contre l'Appellant, & y ayant un Commissaire député pour en faire le rapport, l'Intimé peut former demande en péremption contre

l'Appellant, faute de pourſuites pendant trois ans.

ſuites faites par ledit Cramponne pendant trois années, pour faire juger ſon appellation. Cramponne, Appellant, s'étoit préſenté à la Cour, mais il n'avoit pas mis ſa production au Greffe. Prudhon, Intimé, après s'être préſenté, avoit mis ſa production au Greffe; il avoit obtenu un certificat, contenant que Cramponne étoit en forcluſion de produire, & il avoit donné un Placet ſur lequel il y avoit eu un Rapporteur nommé; Cramponne ſoutenoit que le procès étant en état de juger de la part de l'Intimé, l'appellation ne pouvoit pas ſe périmer, & que Prudhon, Intimé, n'avoit eu d'autre voie pour y faire ſtatuer, que d'obtenir Arrêt par forcluſion, faute de produire, contre ledit Cramponne, par lequel Arrêt Cramponne auroit été déclaré déchu de ſon appel. Par l'Arrêt qui intervint ſur cette inſtance, ledit jour 30 Décembre 1780, Prudhon fut débouté de ſa demande en péremption. Je ne rapporte cet Arrêt ſur une queſtion qui ne fit, ni ne pouvoit faire aucune difficulté, que pour faire connoître la fertilité des reſſources de la chicane à ſuſciter de nouvelles conteſtations, & prévenir celles qu'on voudra peut-être reproduire un jour ſur un pareil motif. Voyez les Mémoires imprimés dans cette cauſe, en mes Recueils chronologiques, in-fol. *30 Décembre 1780.*

ADDIT. 6.

Péremption d'instance a lieu aux procès conclus, quand ensuite on n'a pas produit.

ADDIT. 6. [Le sieur Fobert, en exécution d'Arrêt de 1679, qui déclaroit certains héritages possédés par Monteau, mainmortables, le fit assigner à la Cour pour les mettre en main habile. L'instance est appointée à écrire & produire, & ensuite il y a Arrêt de conclusions. Depuis ce temps le sieur Fobert laisse écouler l'espace de trois ans, au bout desquels il poursuit de nouveau le procès. Monteau lui oppose la péremption; Fobert répond qu'elle ne peut avoir lieu, d'autant que le procès a été conclu; que l'Ordonnance d'Henri III. en 1585, y est formelle, & que cela a été ainsi jugé par plusieurs Arrêts rapportés par Papon, liv. 12, tit. 3, art. 18; Louet, lett. P. som. 16, & par Brodeau, ibid. que c'est l'opinion de Grimaudet, du Retrait, liv 10, ch. 5. D'ailleurs, que pendant les trois ans, il a été près de six mois à l'arriere-ban, & ainsi qu'il n'a pu agir. Monteau replique que les Auteurs allégués, conformément à l'Ordonnance, veulent que, pour que la péremption n'ait lieu, le procès ait été non-seulement conclu, mais encore en état d'être jugé, *quia tempus non currit quandò impedimentum venit ex facto Judicis*, mais qu'ici l'empêchement venoit du fait du sieur Fobert, qui, après l'Arrêt de conclusions, n'avoit pas produit, ni fait aucune diligence, si bien que le Rap-

Arriere-ban n'empêche la péremption.

Exécution d'Arrêt ne peut être périmée, mais bien l'inſtance en exécution.

porteur n'avoit pu rapporter le procès; que pour les ſix mois qu'il avoit été à l'arriere-ban, cette objection étoit ridicule, d'autant que cela empêchoit bien les autres d'agir contre lui, mais ne l'empêchoit pas d'agir contre les autres. Fobert oppoſoit encore que c'étoit ici une exécution d'Arrêt qui ne pouvoit être périmée, à quoi on répondoit qu'il étoit vrai que ladite exécution ne pouvoit l'être, mais bien l'inſtance en exécution, dont il étoit ici queſtion. Sur cela, la Cour, par Arrêt rendu en la Grande-Chambre, le 13 Août 1695, au rapport de M. Legoux l'aîné, ſur un mis ſur le Bureau, déclara l'inſtance périmée. La raiſon fut que le ſieur Fobert n'ayant pas produit, le procès n'avoit pas été en état d'être jugé, comme l'exigent l'Ordonnance & les Docteurs. J'étois des Juges. *Ancien Rec. d'Ar. de M. le Préſident Bouhier, titre 90, Arrêt 1.*]

De la péremption d'appel.

Si elle peut être prétendue & oppoſée par celui qui ne s'eſt pas préſenté.

ADDIT. 7. [Le ſieur Baron de la Baſtie avoit interjeté appel d'une Sentence donnée par le Juge du Marquiſat de St. Sorlin; il avoit relevé & exécuté ſon appel. Sa Partie ayant fait défaut, il fut dit qu'elle ſeroit réaſſignée. Sept ans ſe paſſent ſans faire donner ce réajournement, à cauſe de quoi ſa Partie prétendit que ſon appel étoit périmé, & par Sentence du Juge des Appellations dudit Marquiſat, il fut déclaré tel, & ordonné que ce dont étoit appel ſortiroit effet, dont appel.

Fevret, pour l'Appellant, diſoit qu'il avoit été mal jugé, & qu'il falloit faire différence entre l'appel & l'inſtance d'appel; qu'il n'y avoit point eu d'inſtance, parce que la Partie avoit fait défaut; qu'en une inſtance il falloit trois perſonnes, le Juge, le Demandeur & le Défendeur, autrement que la Partie auroit profité de ſa contumace. La Cour, par Arrêt du 3 Juin 1633, réforma, & par nouveau Jugement ordonna aux Parties de conclure. De la Mare, p. 981, Caillet, f. 358. *Ancien Rec. d'Arrêts de M. le Préſident Bouhier, titre 90, Arrêt 2.*]

*V. ci-deſſus nomb. XXII, addit. 1 & 2; & ci-près addit. 11.*

Péremption d'inſtance, ſi a lieu aux Juſtices ſubalternes.

ADDIT. 8. [Le Lundi, 8 Mai 1645, à l'Audience, entre le nommé Thevin, Appellant du Juge des Appellations du Marquiſat de Bagé, contre un autre Thevin, fut jugé que la péremption d'inſtance n'a pas lieu aux appellations des Juſtices ſubalternes dévolues aux Juges d'appel, ou aux Bailliages. Malteſte, l'Avocat, fol. 87 v°.... Voyez le même Arrêt rapporté un peu différemment par de la Mare, page 983.

M 2

*Ancien Rec. d'Arr. de M. le Président Bouhier, tit. 90, Arr. 44.*]

*Nota.* Cet Arrêt n'est ici rapporté que pour avoir occasion de prévenir ceux qui le liront dans les Recueils d'où il a été extrait, qu'il ne peut plus servir de préjugé pour décider la même question si elle se présentoit à juger, depuis que, par l'Ordonnance de 1667, tit. 27, art. 5, il a été dit que les Sentences & Jugemens passeront en force de chose jugée, lorsque l'appel, qui en aura été interjeté, aura été déclaré péri, ce qui exclut la distinction entre les appels des Sentences rendues par les premiers Juges, portés aux Bailliages ou autres Jurisdictions, auxquels les Sentences des premiers Juges ressortissent, & les appels portés dans les Cours, ensorte que, dans l'un & l'autre cas, l'appel étant déclaré péri, il doit être ordonné que la Sentence passera en forme de chose jugée.

*V. le Traité des Péremptions de Me. Jean Melenet, ci-dessus, quest. 59 & 60. Me. Fr. Serpillon, Cod. civil, tit. 27, art. 5, n. 3, pag. 501.*

Mort de l'une des Parties ou d'un Procureur, si empêche la péremption.

ADDIT. 9. [Touchant la question si la mort de l'une des Parties ou des Procureurs empêche la péremption. De la Mare, page 984. *Anc. Rec. d'Arr. de M. le Président Bouhier, tit. 90, Arr. 48.*]

*V. le Traité des Péremptions de Me. Jean Melenet, quest. 49 & 51.*

ADDIT. 10. [Par Arrêt donné à l'Audience publique du Lundi ... Février 1701, au profit du ſieur de Chaſtelard, contre le ſieur Comte de Chatillon, la Cour a jugé qu'une inſtance en entérinement de Lettres de reſtitution étant périmée, leſdites Lettres ſont ſans effet, enſorte que ſi le temps d'en prendre eſt paſſé, on ne peut ſe ſervir de celles-là, plaidant Melenet & Ravey. J'ai ſu l'Arrêt des Juges. Voyez le Journal du Palais, tom. 10, pag. 217, & Rigolet, pag. 425, où il rapporte d'autres Arrêts. *Anc. Rec. d'Arr. de M. le Préſident Bouhier, tit. 90, Arr. 61.*]

Inſtance en lettres de reſtitution étant périmée, ſi ces lettres ne peuvent plus ſervir.

ADDIT. 11. [Par Arrêt donné en la Grand'Chambre, à l'extraordinaire, le 28 Mars 1673, au rapport de M. Bourée de Chorey, entre les nommés Vuaillet, contre François Walfin, la Cour a jugé que ces Vuaillet ayant fait aſſigner, à diverſes repriſes à la Cour, Walfin comme garant dans un procès qui leur avoit été intenté par les Carmes de Gex, lequel Walfin ne s'étoit pas préſenté, il ne pouvoit point leur oppoſer la péremption, ſous prétexte qu'elles ne l'avoient pas pourſuivi depuis; car il n'y a point de péremption où il n'y a point de conteſtation. M. de Chorey, au mot *Péremption. Anc. Rec. d'Arr. de M. le Préſident Bouhier, tit. 90, Arr. 63.*]

Péremption ne peut être oppoſée par celui qui ne s'eſt pas préſenté.

*V. ci-dessus nomb. XXII, & addit. 1, 2 & 7.*

Péremption, si a lieu aux instances commencées par les ennemis de l'Etat.

ADDIT 12. [Par Arrêt du 11 Août 1642, rapporté par Caillet f°. 358, il a été jugé que la péremption n'avoit pas lieu aux instances commencées par les ennemis de l'Etat. Il veut apparemment dire qu'elle ne court pas pendant la guerre. *Ancien Rec. d'Arr. de M. le Président Bouhier, tit. 90, Arr. 72.*]

Un simple acte d'appel ne se périme pas.

ADDIT. 13. [L'acte d'appel qui n'a pas été suivi d'assignation, n'est pas sujet à péremption. Jugé tout d'une voix, à mon rapport, aux Enquêtes, le 30 Juillet 1714, en faveur de Joseph Blanc, Appellant de Sentence rendue par le Juge des Appellations de St. Rambert & St. Sorlin, contre M^e^. Prost, Intimé, lequel fut condamné à la moitié des dépens. Ce qui fit compenser l'autre moitié, ce furent d'autres contestations qu'on renvoya aux Juges ordinaires. M. Jehannin, Conseiller, au mot *Péremption. Sur une copie manuscrite des Recueils de M. Bazin, Conseiller, qui est entre les mains de M^e^. Simon Jacquinot, Avocat à la Cour.*]

La péremption a lieu à la Cour quand le procès n'est pas mis en état de jugement

ADDIT. 14. [Pierre Baudin, Laboureur, demeurant en la Paroisse de Palinge, ayant interjeté appel d'une Sentence préaux procès appointés, de quelque part que la négligence provienne.

paratoire rendue entre lui & Louis & Pierre Thomas, le premier, Marchand, demeurant en la Paroisse de St. Germain-des-Bois, & le second, Tissier en toile, demeurant en la Paroisse d'Oudry, au Bailliage Comtal du Charolois, le 8 Septembre 1752. Les Intimés assignés à la Cour sur cet appel, le procès fut distribué sur leurs poursuites à M. le Conseiller de la Mare sur les forclusions acquises par les Intimés contre l'Appellant, qui, ayant ensuite produit, lesd. Intimés provoquerent l'appointement de conclusions, en faisant signifier à l'Appellant la cédule à conclure, & lui dénoncerent à jour certain & heure fixe pour le prendre; le jour dénoncé étoit à un Lundi; ce jour l'Appellant fit lui-même signifier aux Intimés sa cédule de conclusions, & leur dénonça au Mercredi suivant pour prendre ledit appointement de conclusions, sinon qu'il le prendroit par défaut. Les poursuites de ce procès ayant été discontinuées de ce jour pendant plus de trois années sans que l'Appellant, ni les Intimés aient pris ledit appointement au Greffe, ni consigné l'amende, l'Appellant, après ces trois années, fit signifier une Consultation aux Intimés, qu'il employa pour griefs. Me. Chamberland, Procureur des Intimés, fit une sommation à l'Appellant, au domicile de son Procureur Me. Larcher puîné, le 10 Février 1759, par laquelle il opposa la péremption. Le 20 du mois de Mars suivant, l'Appellant donna sa Requête à la Cour, dans laquelle il soutenoit que le procès ayant été distribué & porté à M. le Commissaire, il ne pouvoit tomber en péremption; qu'il étoit Appellant d'un Préparatoire qui ne pouvoit tomber en péremption & duroit trente ans; qu'il étoit question de l'état de la femme de l'Appellant; que d'ailleurs c'étoient les Intimés qui avoient provoqué ledit Appointement; qu'ils pouvoient se le faire expédier & le faire signifier, & que, comme poursuivans, c'étoit à eux à consigner l'amende, & concluoit à ce que, sans avoir égard à la péremption opposée par les Intimés, de laquelle ils seroient déboutés, il fût renvoyé de l'incident avec dépens. Le 22 du même mois de Mars, les Intimés donnerent leur Requête à la Cour, dans laquelle ils soutenoient que, quoique le procès eût été distribué & porté à M. le Commissaire, ç'avoit été pour le juger sur les forclusions pour-lors acquises; que ne l'ayant pas été, l'Appellant ayant produit auparavant, c'étoit à l'Appellant à s'imputer de n'avoir pas fait ce qui convenoit pour mettre son appellation en état de recevoir jugement; que le Préparatoire ne faisoit aucuns griefs à l'Appellant; qu'il avoit été le maître de le remplir en prêtant le serment ordonné, ou le refuser; que par-là il étoit le maître de sa cause, & concluoit à ce que ladite appellation fût *déclaré périmée*, faute de poursuites pendant plus de trois années; en conséquence que ce dont est appel sortiroit effet, & l'Appellant condamné en l'amende modérée de 12 liv. aux dépens de la cause & de l'instance de péremption. M^e^. Lagoutte plaidoit pour les Intimés, & M^e^. Virely pour l'Appellant. Arrêt sur leurs plaidoieries aux Enquêtes le 27 Mars 1759, conforme aux conclusions des Intimés, Demandeurs en péremption. *Rec. manuscrit de M^e^. Simon Jacquinot, Avocat à la Cour & Professeur en l'Université.*]

*V. ci-dessus nomb. I.*

Appellation périmée, quoique la Sentence dont appel ne fut point signifiée.

ADDIT. 15. « Entre Anne Deschamps,
» femme procédante de l'autorité de Pierre
» Legros, Marchand, demeurant à Maran-
» deuil, en qualité de fille & héritiere de
» Quentin Deschamps, vivant Entrepre-
» neur audit Marandeuil, Intimée & De-
» manderesse par Requête du 26 Février
» 1779, à ce qu'il plût à la Cour lui per-
» mettre de faire venir à l'Audience le
» Défendeur ci-après, pour ouir dire que
» l'appellation par lui émise de la Sentence
» du 16 Mars 1775, sera déclarée péri-

» mée pendant trois ans, en conséquence
» ordonner que ladite Sentence sortira son
» plein & entier effet, & M. de Maleteste
» condamné aux dépens de la cause d'ap-
» pel, même en ceux de l'instance de pé-
» remption, comparante par Saunac son
» Procureur, d'une part; Jean Maleteste,
» Seigneur de Villey, Conseiller au Par-
» lement de Bourgogne, Appellant de
» Sentence rendue en procès par écrit, le
» 15 Mars 1775, & Défendeur à ladite
» Requête, comparant par Gros pour Le-
» comte son Procureur, d'autre part. La
» cause appellée, oui Gros pour Lecomte,
» Procureur du Défendeur, lequel a de-
» mandé acte de ses remontrances, qui sont:
» que l'on a retiré de ses mains les pieces
» du procès dont il a décharge, & qu'il
» n'a aucun pouvoir de défendre à la de-
» mande. Saunac, pour la Demanderesse,
» lequel a conclu à ce qu'en donnant dé-
» faut contre le Défendeur, présence de
» son Procureur, faute de plaider, pour le
» profit que les fins de sa Requête lui soient
» adjugées, & a plaidé ses moyens. La
» Cour, en donnant défaut contre le Dé-
» fendeur, présence de son Procureur,
» faute de plaider; pour le profit, a dé-
» claré & déclare l'appellation dont il s'a-
» git périmée, faute de poursuites pendant
» trois ans, ordonne en conséquence que

» la Sentence du Bailliage de Dijon du 15 » Mars 1775, ſortira ſon plein & entier » effet; condamne le Défaillant, pour raiſon » de ladite appellation, à l'amende modérée » à 12 liv. aux dépens de la Cauſe d'ap- » pel. Fait en l'Audience par Procureur » tenue en Parlement à Dijon le Lundi 1er. » Mars 1779, du matin, à huis clos. Col- » lationné, &c. » Sur l'oppoſition formée par M. Maleteſte à cet Arrêt, il eſt intervenu Arrêt contradictoire en l'Audience d'inſtruction de la Grand'Chambre où je préſidois, le 17 Mars 1779, plaidant Saunac & Lecomte, par lequel, ſans s'arrêter à l'oppoſition formée par M. Maleteſte à l'Arrêt du 1er. Mars précédent, non plus qu'à ſes concluſions, l'appellation a été déclarée périmée, il a été ordonné que la Sentence ſortiroit ſon plein & entier effet; M. Maleteſte condamné aux dépens de la cauſe d'appel, de l'inſtance de péremption & en ceux de l'incident. *Nota.* M. Maleteſte prétendoit que la Sentence n'ayant été ſignifiée par les Demandeurs que lorſqu'ils avoient voulu faire prononcer la péremption, cette ſignification étoit un acte utile qui interrompoit néceſſairement la péremption; que les Demandeurs devoient remettre eux-mêmes la Sentence au Greffe, ſuivant l'art. 18. du tit. 11 de l'Ordonnance de 1667, puiſqu'il étoit queſtion de procès par écrit. M. Maleteſte ſe prévaloit encore des articles 12 & 17 du tit. 27 de la même Ordonnance, pour établir que, quand l'appellation ſeroit périmée, il ſeroit fondé à interjeter de nouveau appel de la Sentence du Bailliage, parce qu'il avoit trois ans pour s'en rendre Appellant, à compter de la ſignification qui lui auroit été faite, par les Intimés, de ladite Sentence, avec interpellation de s'en rendre Appellant, ou dix ans, à compter de la ſignification de la même Sentence ſans interpellation d'en appeller; qu'ayant interjeté appel de cette Sentence avant qu'elle fût ſignifiée, & cette appellation ayant été périmée auſſi avant la ſignification de la Sentence, c'étoit comme s'il n'y avoit point eu d'appel; or n'y ayant plus d'appel, la Sentence ne ſe trouvant pas ſignifiée, M. Maleteſte ſoutenoit qu'il avoit trente ans pour interjeter appel. M^e^. Saunac, pour les Intimés, répondoit que M. Maleteſte ayant une fois interjeté appel de la Sentence, quoique non ſignifiée, il étoit cenſé en avoir connoiſſance, & ne ſe trouvoit plus dans le cas des articles 12 & 17 du titre 27 de l'Ordonnance de 1667, qui n'avoient lieu que lorſqu'il n'y avoit point d'appel, & afin d'obliger la Partie à interjeter cet appel ſi elle le jugeoit à propos; que M.

Maleteſte avoit été aſſigné pour plaider ſur ſon appel, qu'il s'étoit préſenté, que l'inſtance étoit liée à la Cour, par conſéquent ſujette à la péremption par le défaut de pourſuites pendant trois ans; enfin, qu'il ne pouvoit ſe prévaloir de l'article 18 du titre 11 de l'Ordonnance de 1667, parce que, s'il avoit voulu interrompre la péremption, il lui étoit loiſible, ſuivant le même article, de lever lui-même la Sentence & de la faire ſignifier. Ces moyens prévalurent & ſervirent de motif à l'Arrêt du 1er. Mars 1779.

Appellation interjetée en matiere criminelle, avec déclaration de la part des Accuſés Appelans qu'ils entendent la faire juger au Bailliage, au cas porté par l'Ordonnance de 1670, tit. 26, art. 1, elle eſt ſujette à la péremption, ſi l'Intimé a anticipé & aſſigné les Appelans à la Cour.

ADDIT. 16. [Jugé que non, & que l'Intimé n'a pu anticiper les Appellans à la Cour ſur une appellation qu'il leur étoit loiſible de porter à la Cour ou au Bailliage à leur choix, or ayant déclaré qu'ils entendoient porter leur appellation & la faire juger au Bailliage, il a été décidé que l'Intimé avoit mal à propos anticipé les Appellans à la Cour ſur leur appellation, & ne pouvoit par conſéquent leur oppoſer la péremption prétendue acquiſe contre eux à la Cour faute de pourſuites pendant trois ans. Arrêt en l'Audience publique de la Tournelle, le 20 Juin 1761, ſéant M. le Préſident Languet de Rochefort, pour Jean-Baptiſte Blaiſe, Marchand à Lyon, & Claude Blaiſe ſon fils, Appellans de Sentence du Juge de Pont-de-Veyle, contre Louis Teret, Marchand Tanneur audit Pont-de-Veyle, Demandeur en péremption d'appel. *Rec. manuſcrit de Me. Simon Jacquinot, Avocat à la Cour & Profeſſeur en l'Univerſité.* ]

Péremption des Lettres de déſertion, ſi opere la péremption de l'appellation.

ADDIT. 17. Par Arrêt rendu en la Grand'Chambre, le 30 Avril 1736, les Chambres conſultées, enſuite de délibération du 23 Mars précédent dans la cauſe d'entre Pierre Pillot, Employé dans les Fermes du Roi, Demandeur; François Lacoſte, Vigneron à Marſannay-le-Bois, & Oudette Garcenot ſa femme, Appellans & Défendeurs. Il a été jugé, au rapport de M. Verchere, que la péremption de l'inſtance de déſertion d'appel n'emporte pas la péremption de l'appellation. *M. le Préſident de Bourbonne, Arr. 44, pag. 15, regiſtre de la Grand'Chambre, 23 Mars 1736, regiſtre des Enquêtes 30 Avril 1736.* Cette déciſion eſt conforme au ſentiment de Me. Jean Melenet, en ſon Traité des Péremptions, ci-deſſus, *queſt. 60 & 61*, & contraire à un Arrêt rendu le 10 Juillet 1723, rapporté ci-deſſus *n. V.*

*Obs.* C'eſt bien mal à propos que Me. J. F. Bridon, en ſes Remarques ſur le Traité des Péremptions de Me. Melenet, imprimé, en 1750, pag. 125, a élevé une opinion contraire à celle de l'Auteur, sur le fondement de l'Arrêt du 10 Juillet 1723. L'Arrêt du 30 Avril 1736 a rétabli les principes d'après lesquels Me. Melenet avoit écrit antérieurement à l'Arrêt du 10 Juillet 1723, & Me. Bridon est encore en ceci contraire à lui-même, comme on peut le voir en sa Remarque, § 40, pag. 119. Il est vrai qu'il s'est rétracté en une autre remarque intitulée, *Correction ibid.* après la table des titres, pag. 370. S'il eût écrit avec un peu plus de réflexion, il auroit évité de tomber dans ces variations. L'Arrêt du 30 Avril 1736 est conforme à un précédent Arrêt rendu en forme de Réglement, le 20 Mai 1686, en ces termes : « Du Lundi » 20 Mai 1686, au rapport de M. Bouchu, » ont été vues les pieces mises sur le bu» reau, pour être fait droit sur l'expédient » pris entre les Avocats d'Henry Ballet, » Marchand à Montagna en Bugey, & » Me. Henri Devaux, Notaire royal audit » lieu, & de l'avis d'un tiers Avocat, au » sujet de la désertion de l'appel inter» jeté par ledit Devaux d'une Sentence » donnée au Bailliage de Belley le 9 Fé» vrier 1684, & ayant été proposé de » faire un Réglement touchant les dé» sertions pour expliquer si elles emportent » la confirmation de ce dont est appel,

Réglement portant qu'à l'avenir les Appellans pourront interjeter de nouveau appel des Sentences & Apointemens dont les appellations auront été déclarées péries & désertes, & seront lesd. Sentences & Apointemens exécutés nonobstant & sans préjudice dudit nouvel appel.

» & ſi les appellations étant déclarées dé-
» ſertes, les Sentences ont force de choſe
» jugée, ou s'il eſt libre aux Parties d'en
» appeller de nouveau. L'affaire miſe en
» délibération, il a été fait Arrêt portant
» que l'expédient tiendra, & néanmoins
» qu'à l'avenir les Appellans pourront in-
» terjeter de nouveau appel des Sentences
» & Appointemens dont les appellations
» auront été déclarées péries & déſertes,
» & feront leſd. Sentences & Appointe-
» mens exécutés nonobſtant & ſans pré-
» judice dudit nouvel appel ». *Regiſtre Grand'Chambre.*

*Nota.* L'Arrêt du 20 Mai 1686, eſt rapporté par Me. Melenet, Traité des Péremptions, ci-deſſus, queſt. 60.

La péremption a lieu en Savoie.

ADDIT. 18. [En France, ſuivant l'art. 15 de l'Ordonnance de Rouſſillon, la péremption a lieu, de maniere que l'inſtance périmée n'interrompt pas la preſcription. Avant cette Ordonnance la ſimple aſſignation ou litiſconteſtation prorogeoit l'action, comme on peut le voir dans les excellentes Notes d'Hevin ſur Frain, pag. 13, n. 16, tom. 1. La plupart de nos anciens Praticiens ont penſé que la péremption étoit fondée ſur la L. *Properandum*, Cod. *de Jud.* Mais c'eſt une erreur, comme le démontre Hevin, *loc. cit. f°. 9, n. 13.* Cette Loi

Loi n'a eu d'autre objet que d'engager les Juges à finir les procès dans l'espace de trois années. Les Ducs de Savoie sont allés encore plus loin, en abrégeant ce terme, & n'accordant que quinze ou vingt mois pour terminer les procès. Voyez le Statut rapporté par Sola, tit. *de Jud. pag. 313*; mais ces Statuts sont tombés dans le non-usage, suivant que l'assure M. Favre, Cod. *de Judiciis, defin. 36.* Il assure, dans la même définition, que la préremption a lieu en Savoie, & que, pour en être relevé, il faut obtenir des Lettres royaux. Tout l'effet de cette péremption est qu'elle anéantit les actes de procédure, & qu'on ne peut poursuivre une instance périmée, mais elle n'en interrompt pas moins la prescription, suivant M. Favre, Cod. *Litisconcest. def. 2*, ce qui est conforme à la L. *Sæpè*, Cod. *de Præscript. 30 vel 40 annor.* qui veut que la citation ou litiscontestation proroge la durée même de l'action pure personnelle jusqu'à quarante ans. Il fut jugé, suivant ces principes, que l'instance périmée en Savoie avoit interrompu la prescription, par Arrêt donné à mon rapport dans l'espece suivante. Les auteurs d'André Lemaire, Marchand à Geneve, avoient fait condamner, par deux Jugemens rendus par le Juge de Genevois en Savoie, de 1676, la Dame du Praze,

Comteſſe de Salleure, à leur payer 833 florins. En 1699 & 1707 ils avoient fait aſſigner le Sieur de Salleure, ſon fils & ſon héritier, pour leur payer cette ſomme ; mais ces inſtances de 1699 & 1707 n'avoient été ſuivies d'aucun Jugement de condamnation. En 1723 Lemaire ſe pourvut de nouveau au Bailliage de Gex, contre le Sieur de Salleure, qui, par Sentence du 20 Septembre 1723, fut condamné à payer. Il en interjeta appel, & pour griefs il oppoſa la preſcription. Lemaire repliquoit que les inſtances de 1699 & 1707, quoique périmées, l'avoient interrompue, & il paſſa tout d'une voix à condamner ce moyen. Il eſt vrai que, par Arrêt donné à mon rapport à la Tournelle au Commiſſaire, le Samedi 20 Août 1740, la Sentence fut réformée, mais ce fut ſur un grief. *Rec. manuſc. de M. Fleutelot de Beneuvre, tom.* 2, *part.* 2, *queſt. de Pratique civ. verb.* Péremption, *art.* 6, *pag.* 93.]

*Nota.* M. Fleutelot dit, d'après Hévin, ſur Frain, que c'eſt une erreur de ſoutenir que la péremption d'inſtance dérive de la Loi *Properandum*, Cod. *de Judiciis.* L'opinion contraire à celle de M. Fleutelot eſt ſuffiſamment établie par M. le Préſident Bouhier, ci-deſſus, n. XXII.

Auteurs à voir ſur la matiere de la péremption d'inſtance.

ADDIT. 19. [Grimaudet, ſur l'Edit des Préſid. gloſ. 32, n. 15, pag. 614, & plus amplement du Retrait, liv. 10, chap. 4 & suiv. Bugnyon, Loix abr. liv. 2, chap. 18, Tractat. Bartoli, tom. ultim. fol°. 220 v°. Le Prestre, cent. 2, chap. 66. Les Arrêtés de M. de Lamoignon, pag. 223. Louet, lett. P, som. 14, 15, 16, 17 & 18, & *ibi* Brodeau. L'art. 15 de l'Ordonn. de Roussillon, & *ibi* Néron, & Theveneau sur les Ordonnances, liv. 2, tit. 24. Le Journ. des Aud. tom. 5, liv. 8, chap. 7, pag. 595. Le Traité d'Hévin, à la fin du tom. 1 de Frain. L'Hommeau, Max. liv. 3, art. 5. Nic. Valla, *de Reb. dub.* tract. 15, fol. 88 & 152. Un Traité exprès de M[e]. Louis Vrevin, à la suite de celui des dépens; un autre de Jacques Lefevre.... des termes péremptoires. Chassan. *in Consf. Burg.* pag. 106. Les Rec. manusc. de l'Avocat de la Mare, tom. 2, pag. 1485. *Rec. de Droit de M. le Présid. Bouhier, manusc. au mot* Péremption. ]

*V. ci-dessus le Traité de M[e]. Jean Melenet; les Traités de Droit françois à l'usage de ce Ressort, tom. 3; Traité* des Péremptions, (*il est de M[e]. Jean Melenet*) *n. 80, p. 356, & tom. 8, p. 597, obs. 289; les Arrêts notables de ce Parlement, tom. 2, quest. 345, n. 39 & suiv. p. 766; les Œuvres posthumes de M[e]. Robert-Joseph Pothier, tom. 7;* Traité de la Procédure civile, *partie 1re. chap. 4, sect. 4, p. 83 & suiv. où sont plusieurs Décisions rapportées par cet Auteur, avec ses observations sur la Péremption d'instance, qu'il faut lire avec précaution; cet Ouvrage ayant été écrit dans des principes souvent opposés à ceux que nous suivons, & aux Arrêts rendus pour notre Ressort.*

Appointement de reconnoissance de cédule se périme, à moins qu'il n'emporte condamnation de la somme demandée, parce qu'il n'est que préparatoire.

ADDIT. 20. [Boné, Plaid. part. 2, p. 235. L'art. 15 de l'Ordonnance de Roussillon. Argentr. Consult. 4, n. 23. La Thaumassiere, Décis. sur Berry, n. 3, chap. 52. Bouvot, tom. 2, pag. 787. *Rec. de Droit manusc. de M. le Présid. Bouhier, au mot* Péremption.]

*V. ci-dessus nomb. XV.*

*Peremptâ instantiâ temporis præscriptione, an pereant acta, quæ litis ordinationem respiciunt, ut dilationes, &c.*

ADDIT. 21. [Grimaudet, sur l'Edit des Présid. glos. 32, n. 14, pag. 613, & n. 17, pag. 615, & décis. Capell. Tolos. quest. 180. *Rec. de Droit manusc. de M. le Prés. Bouhier, au mot* Péremption.]

Si l'on peut renoncer à la péremption d'instance.

ADDIT. 22. [V. Bern. Walther, Miscel. lib. 1, cap. 20. Grimaudet, du Retrait, liv. 10, chap. 8 & 11 *ibid.*]

Exceptions, si se périment comme les actions.

ADDIT. 23. [V. Bern. Walther, Miscel. lib. 1, cap. 25 *ibid.*]

Péremption d'instance, si emporte les dépens.

ADDIT. 24. [V. Vrevin, des Dépens, chap. 54 *ibid.*]

Mineur, si peut être restitué contre la péremption d'instance.

ADDIT. 25. [Vrevin, des Dépens, ch. 194. Chopin, *de Doman.* lib. 3, tit. 29,

n. 36. Cod. Henrys, liv. 6, tit. 24, art. 3. — Si le Roi peut relever de la péremption d'instance. Voy. Dumoulin *in antiq. Consf. Parisf.* §. 30, n. 50 *ibid.*]

*V. ci-dessus nomb. XIII.*

ADDIT. 26. [Chopin, *de Doman.* lib. 3, tit. 29, n. 36. Brodeau, sur Louet, lett. P, som. 16, n. 4 *ibid.*] Péremption, si a lieu aux procès où le Fisc est intéressé.

*V. le Traité des Péremptions de Me. Jean Melenet, ci-dessus, quest. 20.*

ADDIT. 27. [V. Levest, Arr. 145. *Rec. de Droit manusc. de M. le Présid. Bouhier, au mot* Péremption.] Péremption, si a lieu en instance d'exécution d'Arrêts.

*V. le Traité des Péremptions de Me. Jean Melenet, ci-dessus, quest. 32.*

ADDIT. 28. [V. Levest, pag. 926. *Rec. ibid.*] Compromis, s'il empêche la péremption.

*V. le Traité des Péremptions de Me. Jean Melenet, ci-dessus, quest. 43.*

ADDIT. 29. [Loiseau, du Déguerp. liv. 5, chap. 11, n. 6. Valla, *de Reb. dub.* tract. 15, fol. 88. Mornac, *in L. Properandum* 13, § 1. Cod. *de Judic.* L'Ordonnance de Roussillon, art. 15. Pontanus, sur Blois, §. 101, pag. 368 & 369. Basnage, sur Normandie, art. 125, pag. 178 & 179 *ibid.*] Litiscontestation qui se trouve périmée, si ne laisse de constituer en mauvaise foi.

ADDIT. 30. [V. les Arrêts de Bouchel, pag. 293 *ibid.*] Péremption, si a lieu en instance de retrait féodal.

*V. le Traité des Péremptions de Me. Jean Melenet, ci-dessus, quest. 31.*

Saisies, si sujettes à péremption.

ADDIT. 31. [V. Lefevre, des Péremptions, fol. 87. Brodeau, sur M. Louet, lett. P, som. 14, n. 21 & 30; lett. S, som. 14, n. 3. Arrêtés de M. de Lamoignon, tit. de la Péremption, art. 18, 22, pag. 226. L'art. 91 & 158 de l'Ordonn. de 1629. Tournet, sur l'art. 353 de la Cout. de Paris. Ferriere, sur l'art. 345 de lad. Cout. Chesne, cent. 1, ch. 90 & suiv. *Rec. ibid.*]

*V. le Traité des Péremptions de Me. Jean Melenet, ci-dessus, quest. 30.*

*Quid* des instances où les Gens du Roi sont Parties.

ADDIT. 32. [Brodeau, sur Louet, lett. P, som. 16, n. 4. *Rec. ibid.*]

*V. ci-dessus Traité des Péremptions, quest. 20.*

Si la péremption a lieu *in foro ecclesiastico.*

ADDIT. 33. [V. *Cap. Venerabilis 20 extr. de Jud.* & autres cités par Gonzalez, *in cap. de causis extr. de offic. & potest. de Leg.* tom. 1, pag. 621. Brodeau, sur Louet, som. 17, n. 3. *Rec. ibid.*]

*V. le Traité des Péremptions de Me. Jean Melenet, ci-dessus, quest. 7.*

Si, par la péremption d'instance, la caution judiciaire est déchargée.

ADDIT. 34. [Alexandr. Consil. 209 lib. 7, & *ibi* Molin. *Rec. ibid.*]

FIN.

# TABLE

## DES Queſtions décidées dans ce Traité.

Fin de la Table.

# *PRIVILEGE DU ROI.*

LOUIS, par la grace de Dieu, Roi de France & de Navarre : A nos amés & féaux Conseillers, les Gens tenant nos Cours de Parlement, Maîtres des Requêtes ordinaires de notre Hôtel, Grand Conseil, Prévôt de Paris, Baillifs, Sénéchaux, leurs Lieutenans-Civils, & autres nos Justiciers qu'il appartiendra : SALUT. Notre amé le sieur Frantin, notre Imprimeur-Libraire à Dijon, nous a fait exposer qu'il desireroit faire imprimer & donner au Public le *Traité de la Péremption d'instance, par* Jean Melenet, *Avocat au Parlement de ladite Ville, auquel on a joint un Traité sur la même Matiere, de feu* M. Bouhier, *Président au même Parlement, avec des Additions & des Notes*, s'il nous plaisoit lui accorder nos Lettres de Privilege pour ce nécessaires. A CES CAUSES, voulant favorablement traiter l'Exposant, nous lui avons permis & permettons, par ces Présentes, de faire imprimer ledit Ouvrage autant de fois que bon lui semblera, de le vendre, faire vendre & débiter par tout notre Royaume, pendant le temps de dix années consécutives, à compter de la date des Présentes. FAISONS défenses à tous Imprimeurs, Libraires & autres personnes, de quelque qualité & condition qu'elles soient, d'en introduire d'impression étrangere dans aucun lieu de notre obéissance; comme aussi d'imprimer ou faire imprimer, vendre, faire vendre, débiter ni contrefaire ledit Ouvrage, sous quelque prétexte que ce puisse être, sans la permission expresse & par écrit dudit Exposant, ses hoirs & ayans cause, à peine de saisie & de confiscation des exemplaires contrefaits, de six mille livres d'amende, qui ne pourra être modérée, pour la premiere fois; de pareille amende & de déchéance d'état en cas de récidive, & de tous dépens, dommages & intérêts, conformément à l'Arrêt du Conseil du 30 Août 1777, concernant les contrefaçons : A la charge que ces Présentes seront enrégistrées tout au long sur le Registre de la Communauté des Imprimeurs & Libraires de Paris, dans trois mois de la date d'icelles; que l'impression dudit Ouvrage sera faite dans notre Royaume, & non ailleurs, en beau papier & beaux caracteres, conformément aux Réglemens de la Librairie, à peine de déchéance du présent Privilege; qu'avant de l'exposer en vente, le manuscrit qui aura servi de copie à l'impression dudit Ouvrage, sera remis, dans le même état où l'Approbation y aura été donnée, ès mains de notre très-cher & féal Chevalier, Garde des Sceaux de France, le Sieur HUE DE MIROMESNIL, Commandeur de nos Ordres; qu'il en sera ensuite remis deux exemplaires dans notre Bibliotheque publique, un dans celle de notre Château du Louvre, un dans celle de notre très-cher & féal Chevalier, Chancelier de France, le Sieur DE MAUPEOU, & un dans celle dudit Sieur HUE DE MIROMESNIL. Le tout à peine de nullité des Présentes, du contenu desquelles vous mandons & enjoignons de faire jouir ledit Exposant & ses ayans cause, pleinement & paisiblement, sans souffrir qu'il leur soit fait aucun trouble ou empêchement. VOULONS que la copie des Présentes, qui sera imprimée tout au long au commencement ou à la fin dudit Ouvrage, soit tenue pour duement signifiée, & qu'aux copies collationnées par l'un de nos amés & féaux Conseillers-Secrétaires, foi soit ajoutée comme à l'original. COMMANDONS au premier notre Huissier ou Sergent sur ce requis, de faire, pour l'exécution d'icelles, tous actes requis & nécessaires, sans demander autre permission, & nonobstant clameur de Haro, Charte normande & Lettres à ce contraires: Car tel est notre plaisir. DONNÉ à Paris, le sixieme jour du mois de Décembre, l'an de grace mil sept cent quatre-vingt-six, & de notre regne le treizieme. Par le Roi, en son Conseil. *Signé*, LE BEGUE.

*REGISTRÉ sur le Registre XXIII de la Chambre royale & syndicale des Libraires & Imprimeurs de Paris*, N°. 846, fol°. 110, *conformément aux dispositions énoncées dans le présent Privilege; & à la charge de remettre à ladite Chambre les neuf exemplaires prescrits par l'Arrêt du Conseil du 16 Avril 1785. A Paris, le 12 Décembre 1786.* Signé, *KNAPEN, Syndic.*

www.ingramcontent.com/pod-product-compliance
Ingram Content Group UK Ltd.
Pitfield, Milton Keynes, MK11 3LW, UK
UKHW022057260726
13993UKWH00001B/171